世界史の新常識

文藝春秋編

文春新書

1208

はじめに

　私たちはいま激動する世界史のただなかにあるのではないか。そう感じている人は少なくないでしょう。中国の台頭、トランプ大統領の登場、ヨーロッパの混乱、深刻化する移民問題、広がる格差、世界中で繰り広げられるテロ行為——指折り数えていけばきりがありません。それらの大きなうねりが意味するものは、新時代の到来なのか、世界のねじが外れてしまうようなパニックの連鎖なのか。その答えは、まだ誰にもわかりません。

　おそらくかつて世界史の動乱期に身を置いた人たちは、いまの私たちのような、いや、それ以上の不安のなかにあったことでしょう。船はあてどなく彷徨い、昨日は見えていた島影もどんどん小さくなり、見えなくなっていく。前に広がるのは何の標もない、誰も行ったことのない茫洋とした大海です。気象も刻々と変わり、時には濃霧も立ち込めて、視界をさえぎってしまう。

　それでも人類は航海を続け、「歴史」という海図と日誌を残しました。もちろん、歴史の個別的な事柄はそのまま繰り返されることはなく、二度と同じ航海はありません。「歴史」という古ぼけた海図が、どれほど役に立つのか、心もとなく思えます。しかし、そこには人類が幾多の苦難をくぐり抜けてきた知恵、もしくは苦い失敗の教訓が書き込まれています。天候が荒れ、方向を見失ったときほど、先人の遺した記録と思考に向かい合う必要があるのではないか。

私たちは、多くの選択や試行錯誤の結果、いま現在の地点に立っています。何かをやろうとするたびに無数の問題が発生し、それを必死で解決したり、力及ばず失敗したりを繰り返してきた、そのややこしい累積が「現在」なのでしょう。そのあまりの複雑さに、呆然とすることもしばしばです。そんなときに「そもそも」に遡り、問題のありかを改めて見つめること。それが「歴史に学ぶ」ということでしょう。

新しい時代を生き抜くには、新しい視点で歴史を学び直す必要があります。今の世界をリアルに理解するための世界史。本書がその入口への案内板になれば幸いです。

編集部

世界史の新常識　目次

はじめに　3

第一章　古代　9

古代ギリシアはペルシア帝国に操られていた　森谷公俊　10
どうして釈迦は仏教を開いたか　呉智英　21
カエサルはなぜ殺された？　佐々木毅　33
「キリスト教」はイエスの死後につくられた　加藤隆　49
ローマ帝国を滅ぼした難民と格差　井上文則　70

第二章　中世・近世　83

預言者ムハンマドのリーダーシップ　山内昌之　84
中世グローバル経済をつくったのは遊牧民とムスリム商人　宮崎正勝　100
異民族を活用したチンギス・カン　杉山正明　112
ルネサンスは魔術の最盛期　樺山紘一　120
明を揺るがした日本の火縄銃　久芳崇　130

戦争と疫病がニュートン、ライプニッツを生んだ　柳谷晃　142

第三章　近現代　155

産業革命がイギリス料理をまずくした　小野塚知二　156
保護貿易が生み出した産業資本主義　中野剛志　168
アヘン戦争　大清帝国vs.大英帝国　平野聡　182
インド　グローバルな亜大陸　脇村孝平　196
世界大戦の負債が起こした大恐慌　竹森俊平　208
独裁の秘術　ヒトラー、スターリン、毛沢東　福田和也　222
共和党対民主党　日本人が知らないアメリカ史　渡辺惣樹　235

第四章　ブックガイド　251

グローバル・ヒストリーとは何か　川北稔　252
評伝・自伝で人物の内面に迫る　東谷暁　262

共産中国の深層には今も伝統的な中国社会が息づいている　梶谷懐　269

第五章　歴史の教訓　277

史上「最も幸せな国」はどこだ？　出口治明　278
世界史から何を学ぶか　野田宣雄　302

イラスト：長場雄

第一章　古代

古代ギリシアはペルシア帝国に操られていた

森谷公俊（帝京大学教授）

紀元前五世紀の古代ギリシア、繁栄の絶頂にあったアテネでは、風変わりなものが流行していた。ギリシア人の衣服は一枚の布を巻いただけで袖がないのに、長袖の付いた丈の長い上衣を着る人々がいた。奴隷に日傘を持たせ、頭上にかざして外出したり、室内では扇で自分をあおがせる女性たちもいた。こうした様子は現存する壺絵に見ることができる。長袖の上衣、日傘に扇、どれもペルシア風を真似たもので、上流の人々によって使われた。

ペルシア風は個人の趣味に留まらない。民主政を動かす役人団の一つである評議員の詰所は円形で、上部は傘を開いたような円錐形をなしていた。アクロポリスの麓《ふもと》に建てられたオデイオンと呼ばれる建物は、正方形の敷地に九列×九列の柱が並んで四角錘の屋根を支えるという、当時のギリシアでは考えられない建築様式だった。これはペルシア王の天幕を模倣したと考えられている。このように公共建築にさえペルシアの様式が採用されたのだ。これは一体何を意味するのか。

ペルシア軍の侵攻をギリシア人が撃退したペルシア戦争（前四九〇〜四七九年）からすでに数十年。ギリシア人は敗れたペルシア人を軽蔑し、彼らは王の奴隷も同然だと見なしていた。その一方でギリシア人は、ペルシア人が戦場に残した豪華な天幕や金銀の家具調度品に目を見張り、異国情緒あふれる文物に強いあこがれを抱いた。アテネが派遣した外交使節もペルシア王から豪華な贈物を受け取り、数々の舶来品をもたらした。その中には孔雀もあった。ペルセポリスの浮彫りにもあるように、日傘はペルシア王の権力を象徴する持物《じぶつ》だった。アテネの上流市民がこれを真似たのは、自身の社会的地位を誇示するためである。奴隷は本来なら生産労働に使うべきなのに、日傘を持つ奴隷は何の価値も生み出さない。よって奴隷に日傘を持たせることは、生産労働とはかかわりのない奴隷を持つだけの財産を主人が有していることの証明となるわけだ。

通常は、戦争に敗れた側が勝った側の文化に憧れる。ところがペルシア戦争に勝利したギリシア人が、敗れた側のペルシア文化を模倣し、ペルシア趣味に耽《ふけ》るという、逆の現象が生まれたのである。

豊かなアジア、貧しいギリシア

なぜギリシア人はこれほどまでにペルシア風を愛好したのか。世界史で習った印象とは逆に、ギリシアよりペルシアの方がはるかに豊かだったからだ。ギリシアの国土は山がちで痩せており、ブドウやオリーブは育っても、穀物の自給は難しく、一部を除いて貴金属も乏しい。対してペルシア人は小アジアから中央アジアにまたがる大帝国を築き、農作物から貴石に至る豊かな産物を有していた。

ヘロドトスの『歴史』第一巻によると、ペルシア以前に小アジアを支配したリュディア王国のクロイソス王は巨万の富を持ち、その名声はギリシア中に鳴り響いていた。同七巻では、スパルタから亡命した王がペルシアのクセルクセス王に向かって、「ギリシアの国にとっては昔から貧困は生れながらの伴侶のごときもの」（松平千秋訳）と語っている。

前四七九年のプラタイアの会戦でペルシア軍が撤退した後、スパルタの指揮官は捕虜となった料理人に、ペルシアの将軍に用意するのと同じ料理を作らせ、山海珍味に驚きあきれた。戯《たわむ》れに自分の召使いにスパルタ風の料理を作らせると、あまりにまずく、その落差に笑い出したという。アリストファネスの喜劇『蜂』では、大枚をはたいて織られるペルシア外套《がいとう》の逸品《いっぴん》が言及される。東方世界の豊かさとギリシア世界の貧しさ、これが古代ギリシア史を貫く隠れた糸である。

内紛の陰にペルシアあり

これまでの常識を離れてペルシア側から眺めると、古代ギリシア史はどのように描けるだろう。そもそもギリシアがそれほど貧しいなら、なぜペルシア王はわざわざ大軍を率いてギリシアに侵攻したのか。新たに即位したペルシア王は、自身が王にふさわしいことを証明するため、戦争の勝利を必要とした。クセルクセスは、父王ダレイオス一世が果たせなかったギリシア征服を実現することで、父の遺志を受け継ぐだけでなく、王としての威信を確立しようとしたのである。

結局ギリシア征服は成らなかったが、その後のペルシア王たちは国土の安泰を確保するのに別の方法を採用した。ギリシア人の矛先がアジアに向くことがないよう、彼らを常に戦わせたのである。

周知のように古代ギリシア人は統一国家を作ることはなく、ポリスと呼ばれる多数の都市国家に分かれていた。その総数は約一〇〇〇とも言われる。最盛期のアテネはエーゲ海の島々や小アジア沿岸の諸都市をデロス同盟に組織し、時にはペルシア領にも遠征軍を派遺した。

前四三一年、このアテネがもう一方の雄スパルタに対して戦端を開き、ギリシア世界を二分するペロポネソス戦争が始まる。その末期にアテネの勢力が衰えると、ペルシア王はスパルタに軍資金を提供し、これによって建設された海軍が決め手となって、前四〇四年アテネは降伏した。

ところが覇者となったスパルタが、小アジアのギリシア諸国を解放するとの名目で小アジアに侵攻する。ペルシア王はこの脅威を取り除くため、今度はアテネやテーベ等の有力国に資金を送り、反スパルタ同盟を結成させた。こうして前三九五年にコリントス戦争が始まり、スパルタは小アジアから軍隊を撤退させた。ペルシア側のねらい通りである。戦局は一進一退を重ねたが、アテネの海上支配の復活を恐れるペルシアとスパルタの思惑が一致し、前三八六年に講和条約（大王の和約）が結ばれた。それはギリシアの全ポリスの自由と自治を保証する一方で、小アジアのギリシア人がペルシア王に服属することを認めていた。このためスパルタは、大陸の同胞をペルシアに売り渡したとして非難された。

その後もギリシア人同士の覇権争いは止むことがなかった。ペルシア王はその時々の有力国の後ろ盾となって和約を更新しながら、どのポリスも決して覇権を握ることのないよらギリシア人を操った。こうする限り、ギリシア人が連合してペルシア領に攻め込む心配はない。前四世紀のギリシア世界は、大王の和約という国際的な枠組みの下、ペルシア王によって統制されていたのである。

慢性的な戦争から抜け出せないギリシアでは、国内の政治抗争や経済的没落のために多くの市民が故国を離れ、生計のために傭兵となって各地を転々としていた。ギリシア人は優秀な兵士として評判が高く、ペルシア王も小アジアの総督たちもこぞって彼らを雇った。アテネの将軍も個人的な利得のために海外へ出かけ、傭兵隊長として活躍した。スパルタにいたっては、前三七一年レウクトラの会戦に敗れて一等国の地位から転落した後、王がみずからスパルタ兵を率いてエジプト王に雇われ、その手当で国の財政を立て直そうとした。国家ぐるみの出稼ぎである。そのエジプトは前五世紀末以降ペルシアから独立し、ペルシア王は何度もエジプトに遠征軍を派遣した。両者は共にギリシア人傭兵に依存していたから、結局ギリシア人同士が敵味方に分かれて戦っているのであった。

ペルシア王の統制のもとで戦争を繰り返し、国力を消耗させるギリシア諸国。国外を放浪しつつ王侯に雇われて生計を立てるギリシア人傭兵。これが前四世紀の、ペルシア帝国からは西の辺境にすぎないギリシアの現実である。東方遠征論も、実はこうした現実を前提として生まれた。

貧しさゆえの東方遠征論

アレクサンドロス大王の東方遠征があまりに巨大な印象を与えるため、東方遠征は大王の専売特許と思われるかもしれないが、そうではない。彼の父でマケドニア王フィリッポス二世が、ギリシアを征服した二年後にペルシア遠征に着手していた。その直後にフィリッポスが暗殺されたため遠征は一旦中断したが、アレクサンドロスは父王の計画を受け継ぎ、即位して二年後の前三三四年、あらためて遠征を開始したのである。

ではフィリッポス二世が東方遠征を初めて考案したのかというと、そうでもない。その構想は前五世紀末から前四世紀初めにかけての、ギリシア知識人たちの議論に始まる。先に述べたように、当時のギリシアでは、政治抗争や戦争による農地の荒廃のため、多くのギリシア人が家族とともに各地を放浪していた。これを根本的に解決する手段が、ギリシア連合軍によるペルシア帝国の征服と、無産市民や亡命者の植民だと考えられたのである。こうして前四世紀には、ギリシア人の協調とペルシアに対する戦争を勧告することが、政治弁論の定番の主題となっていた。東方遠征論もまた、ペルシアの豊かさとギリシアの貧しさから生まれた構想なのである。

アレクサンドロスはペルシア帝国の後継者

アカイメネス朝ペルシアは多数の民族を支配したが、税金を納め軍役に従事する限りは内部に干渉せず、宗教や慣習に対しても寛容な態度をとった。一部地域の反乱や離反はあったものの、建国から二〇〇年以上を経ても、全体として安定した統治を続けていた。そのペルシア帝国がアレクサンドロスの遠征によって滅びたのはなぜなのか。今度は東方遠征をペルシア側から眺めてみよう。

大王以前にペルシア領内へ本格的に攻め込んだ外国軍は二つある。前四〇一年、王弟キュロスの反乱を支援した一万のギリシア人傭兵、それに前三九〇年代のスパルタ軍である。前者はキュロスが戦死した後、苦難の末に帰国し、後者はペルシア王が仕組んだコリントス戦争の勃発で撤退した。反乱は各地で起きたが、結局エジプトは再征服されたし、小アジアの総督たちの反乱も地域が限定されていた。以上の事例はどれも、王権自体を覆すような脅威ではなかった。

これに対してアレクサンドロスは異次元の敵であった。彼は最初からペルシアを滅ぼすことを目標としており、彼の征服戦争は帝国の滅亡まで終わらなかった。それどころか帝国の滅亡後も彼の戦争には限界がなく、征服が自己目的と化していた。この意味でアレクサンドロスという人物は、アカイメネス朝が経験したことのない、全く新しいタイプの征服者であった。

アレクサンドロスの侵攻に対して、個々のペルシア人はどう対応したか。彼らの選択肢は二つあった。一つはあくまでもペルシア王に忠誠を尽くし、侵略者と戦うこと。もう一つは自分の利得を守るため、忠誠の相手を乗り換えることである。

そもそもアカイメネス朝には帝国全体を統一するための理念やイデオロギーは存在しない。帝国をまとめていたのは王と臣下の個人的な紐帯、すなわち臣下は王に忠誠を尽くし、王は臣下に恩恵を与えて保護するという互酬《ごしゅう》関係であった。属州総督に代表されるペルシア人貴族も、各地域の非ペルシア人との間に同様な関係を結んでおり、こうした個人的紐帯の網の目がアカイメネス朝の統治体制を支えていたのである。そうすると、外国からの侵略者に直面した時、自分が現在所有している地位・財産・名誉が安堵《あんど》されるなら、新たな支配者に忠誠を誓っても差支えないであろう。忠誠と保護という互酬関係が成り立つなら、相手は必ずしもペルシア王でなくてよい。これを裏切りと見るのは、国民意識や愛国心を植え付けられた現代人の偏見である。そもそもアカイメネス朝に国民意識など存在しなかった。

従って東方遠征の成否の鍵は、個々の会戦での勝利だけでなく、互酬関係に基づく恩恵と保護をアレクサンドロスがペルシア人支配層に保証できるか否かにあった。この点で彼は確かに成功した。遠征一年目、小アジアの拠点サルディスの守備隊長が帰順して先例を作り、四年目にバビロンとスーサの総督が臣従《しんじゅう》して流れを決定、アレクサンドロスは二人をあらためて総督に任命した。さらにダレイオス三世の逃走に従った高官たちも次々に帰順した。

アカイメネス朝ペルシアの柔軟で寛容な統治体制は、多様な諸民族をまとめあげるのに極めて有効で、その方策は後のローマ帝国やオスマン帝国にも受け継がれた。しかしアレクサンドロスのように征服自体を目標とする侵略者の前には、抵抗力を持たなかった。アカイメネス朝はその卓越した統治体制のゆえに成功し、その統治体制のゆえに滅亡したのである。他方でアレクサンドロスの征服も、ペルシア帝国の体制を破壊することでなく、それを継承することで実現した。ゆえに彼は事実上アカイメネス朝の後継者である。ペルシア帝国は滅びたが、その体制の核心部分は王朝を超えて生き延びたのである。

森谷公俊（もりたに　きみとし）１９５６年徳島県生まれ。東京大学文学部西洋史学科卒業。専門は古代ギリシア・マケドニア史。著書に『アレクサンドロスとオリュンピアス 大王の母、光輝と波乱の生涯』、『アレクサンドロスの征服と神話』、『アレクサンドロス大王 東征路の謎を解く』、『新訳 アレクサンドロス大王伝』など。

どうして釈迦は仏教を開いたか

呉智英（評論家）

今から二千五百年ほど前、世界中の別箇の文明圏でほぼ同時に、思想史上の原形となる思想家が登場した。孔子（BC五五二～四七九）、釈迦（BC四六三～三八三）、ソクラテス（BC四六九～三九九）である。いずれも生没年について研究者間に少しずつ異説があるが、そうであればむしろ大雑把に二千五百年前と解しておいた方がよいだろう。

孔子の思想、儒教は、以後東アジア諸国の社会倫理・政治思想の経糸《たていと》となった。釈迦は仏教の開祖であり、アジア諸国の文化に大きな足跡を残すとともに、その中核思想は十九世紀以後欧米の哲学者に衝撃を与えた。ソクラテスの思想は、その弟子プラトンによって継承され、後にヨーロッパに入って来たキリスト教を理論化・体系化する上で重要な役割を果たした。

この三人が人類史上ほぼ同時に現れたことは、奇蹟と言えば奇蹟だが、敢えて神秘的に考える必要はないだろう。彼らを準備したはずのもう少し古い時代の思想家たちの営為は、それが相当優れたものであったとしても、断片的にしか伝えられていない。思想の記録・整理を可能にする段階にまで発達した文明が三人を登場させたのである。とはいえ、この二千五百年前が思想史上輝かしい時代であったことに間違いはない。二十世紀を代表する哲学者の一人、K・ヤスパースは、この時代を「軸の時代」と呼んだ。思想の原形が出揃い、それを軸として思想史が展開されたからである。

この三人のうち、孔子とソクラテスは別の機会に譲り、釈迦とその思想について考察してみたい。というのは、日本中に何千何万とあるお寺によって、我々は釈迦および仏教が身近であるはずなのに、かえってそれが分かりにくくなっているからである。ヤスパースが「思想の軸」の一つと認め、十九世紀の西洋の哲学者が衝撃を受けるほどのものが、町や村に点在するお寺の中にある……のだろうか。

変化してしまった仏教

先の問いへの答えは、残念ながら「ない」である。

日本における仏教の代表的大宗派は浄土真宗と日蓮宗である。しかし、欧米でたびたび起きる仏教ブームにもかかわらず、これらが欧米の思想界で注目されたことはない。浄土真宗は（浄土宗も併せて）彼らの目から見ればキリスト教の亜型にすぎない。阿弥陀様という絶対者が罪ある者を罪あるが故に救って下さるという思想だからである。宗教史的に見ても、浄土真宗はキリスト教と同系の宗教だとする説が有力なのだが、日本の仏教界ではこれに触れたがらない。日蓮宗も、イデア（理念）の化身となった釈迦が迷いの中にある人々を救うとする教義構成や独特の終末思想がキリスト教類似のものを感じさせる。

釈迦の思想については後で述べるが、要するに、浄土真宗や日蓮宗は歴史の中で種々な思想や習俗と交雑し大きく変容してしまった仏教なのである。

日本のもう一つの有力な仏教宗派は禅宗である。これは浄土真宗や日蓮宗よりもっと大きく変化してしまった。浄土経典や法華経には古典インド語であるサンスクリットの原典があるが、禅宗にはそれがない。禅宗は、六世紀支那で荘子《そうじ》思想を読み換えて成立した仏教なのである。ところが皮肉なことに、これが一度ひっくり返って逆に仏教本来の姿を現している。あたかも進化の過程で、一度海から陸に上がった脊椎動物が、爬虫類を経て哺乳類となり、これがもう一度海に帰ると、魚形の鯨に戻るようなものである。

この禅宗が欧米の哲学者たちに重要視されていることは、日本でもよく知られている。しかし、それより前、十九世紀に注目されたのは、釈迦の語った言葉がかなり原形をとどめた一群の阿含《あごん》経典である。「阿含」とは「伝えられた教え」を意味する。

この阿含経典は、小乗仏教の経典であり、大乗仏教である日本仏教では一段低いものとして軽視されてきた。「小乗」とは、選ばれた者しか乗せない小さな救いの舟という意味で、大乗仏教側がつけた他称である。そのため、最近では小乗仏教という呼び方は失礼だからやめるべきだという声が出ているが、私にはその感覚が理解できない。小乗ではいけないとするのは大乗側の論理であり、小乗側では、選ばれた少数者が救われるという思想が正しいと考えている。たとえてみよう。東京大学は「狭き門」の大学である。しかし、東大は旧前田邸に因み「赤門」と自称することはあっても、「狭き門」大学と自称したことはない。それをもって、誰でも無試験同然で入れる広き門大学の学生が、東大を狭き門大学だと呼ぶのは失礼だからやめるべきだと主張しているようなものだ。滑稽千万である。

こんな簡単なことが分からないほど、我々は大乗正統論に浸潤《しんじゅん》されている。その結果、見捨てられた商標のようになっていた「阿含」を名乗るあざとい新興宗教も出現する始末である。ちゃんと阿含経典を読んでいたら、こんな教義が出てくるはずがない。この新興宗教では、山伏のかっこうをした教祖が焚き火を拝むだけである。拝火教なんだろうか。こんなおかしな連中が出現することを釈迦が二千五百年前に予見したら、その場で憤死するだろう。そうしたら仏教は成立しなかったかもしれない。

無常と恒常

幸いにも、釈迦は「阿含」を名乗る拝火教が出現することは知らなかった。知らぬが仏である。釈迦は憤死することなく、仏教は成立した。

釈迦はインド北部（現在のネパール）の小国の王族、釈迦族の王子として生まれた。生母は釈迦を産んですぐに死去したが、この悲しみが釈迦を内省的な人格にしたようだ。やがて青年となった釈迦は何人もの師に就いた。インド文明は後の「0の発見」に象徴される抽象思考が特長だが、こうした思考の精髄を身につけ、釈迦は独自の宗教を開いた。

その仏教では何を説いているのか。釈迦の「覚った」という思想は何なのか。

それは、この世のすべては「無常」だということである。無常とは、恒常、永遠を否定した言葉である。恒常、永遠のものはない、そのことが分からず、これに執着するから迷いとなる。

恒常、永遠は、無限、絶対、完全と言い換えてもいい。無常は、これに対し、有限、相対、不完全ということになる。これらを分かりやすくまとめてみよう。

a「無常」系グループ　有限、相対、不完全、現象など

b「恒常」系グループ　無限、絶対、完全、実体など

bグループに、神（一神教の）、イデアが入るだろうことも予測がつくはずだ。そして、aグループには、この神およびイデア二語の適切な対義語が見つけにくいことも予測できるだろう。つまり、bグループはキリスト教思想のものだということであり、それは「絶対神」を発見あるいは発明して成立しているのである。bグループにとって、aグループはすべて絶対神による被造物の世界である。世界の本体はbグループにあると考える。対するにaグループは、そもそもあらゆるものは有限、不完全と考える。それが本来の世界の姿だと考えるのである。

前にも少し触れた通り、キリスト教はヨーロッパに入り、プラトン思想によって理論化された。それまでは神話という物語の形式で説かれていた思想が、理論によって骨格が定まったということである。プラトンの考えるイデアは、有限・不完全・無常な諸物の「向こう側」にある無限・完全・恒常たる本質であり、人間を含む諸物はそれを不完全な形で

反映・分有している。これがキリスト教の考える神と人間の関係と相似形になっていることは容易に分かるだろう。

aグループの思想とbグループの思想と、どちらが良いか悪いかは、簡単に決しえない。だからこそ、それぞれが軸となって世界史を発展させてきた。つまり、それぞれ思想の原形なのである。

この二つの思想の原形は、いわば対極であるから、相手の存在が理解できない。もっとも、相手が貧弱で粗末であれば無視・冷笑していればすむ。ところが、相手が壮大な思想体系や文明圏を築いていると知ると、衝撃を受ける。キリスト教を軸とする西洋文明が仏教思想を知った時の衝撃がそれである。先述のように、それは十九世紀に顕著なのだが、実は先駆形がBC二世紀後半に一度起きている。『ミリンダ王の問い』(平凡社東洋文庫)である。

ミリンダ王（弥蘭陀《みらんだ》王、メナンドロス王）は、マウリヤ王朝が崩壊した前後にインド北西部に成立したギリシャ系の王朝の国王である。ミリンダ王は統治者として優れているだけでなく、知識人としてもヘレニズム文化の粋を身につけた一流の人物であった。インド文明、仏教思想にも強い関心を示し、学僧ナーガセーナ（那先比丘《なせんびく》）と問答を交した。この時代はまだ大乗経典が成立しておらず、釈迦の思想すなわち仏教はほぼ阿含経典内にあったと考えてよい。キリスト教もまだ現れてはいなかったが、後にそれを理論づけるプラトン思想はヘレニズム文化の中核にあった。

そういう二人の対話は、ミリンダ王がナーガセーナの反問や明答の前にたじたじであることが興味深い。一例だけ挙げると、魂の永続（言い換えればイデアの永続）を信じるミリンダ王に、ナーガセーナは、魂は現象にすぎず実体ではないと答える。その論証と思考の深さにミリンダ王の敬服する様子がよく現れている。

『ミリンダ王の問い』の前半部分は「那先比丘経」となっている。これは釈迦が説いたものではないから狭義では「経」に含めない。しかし、どう考えても釈迦が説いたはずのない言葉を「仏説」とする大乗経典より、はるかに本義の経にふさわしい。

カントと仏教

宗教を、教理を「信ずる」ことによってではなく、客観的に研究する宗教学は、十九世紀のドイツ系イギリス人F・M・ミュラーによって始まった。ミュラーは言語の系統を研究する中で仏教への関心を深めていった。ミュラーの著作の邦訳は以前から出ているが絶版状態で訳文もこなれなかった。二〇一四年、国書刊行会から出た『比較宗教学の誕生』は、一般読書人には大部《たいぶ》で持て余すとはいうものの、網羅的で訳も優れている。中でも有名なのは、英国王立研究所で行なった講義をまとめた「宗教学序説」である。

ミュラーはこの中で、宗教を成立させているのは「無限を感知させる能力」だとしている。これが前記のbグループに属することは明白だろう。ミュラー自身の信仰はキリスト教である。そんなミュラーがサンスクリット研究の中で出会った仏教は「宗教の本質において対極」であった。無限・恒常を否定しており「人間が真理から遠く引き離されている」からである。こんな宗教が、雑多な蛮習迷信ならともかく、見事な論理的整合性をもって成立していることに驚くのだ。

これはI・カントの衝撃に通じている。カント内部で起きた衝撃でありカントが後世に与えた衝撃である。カントは理性の限界（『純粋理性批判』）を説いたが、これは、理性を過信しちゃいかんとか、理性の傲慢は危険だよとかいった通俗論ではない。理性そのものの原理的限界を解明したのである。

カント哲学は恐しく晦渋だが、要は、我々が見ている物は見ている物・見えている物にすぎず（現象）、現象の「向こう側」にある物そのものである物（物自体）に理性は原理的に至りえない、ということである。この「物自体」がイデアと同類であり、bグループに属することが分かるだろう。そして「現象」の集積が無常であり、aグループに近いことも分かるだろう。

カントは、プラトン・キリスト教的思考に大きな一撃を与えたのである。これはその後の哲学者、ショーペンハウアー、ニーチェ、フッサール、ハイデッガーという潮流を準備する。それだけではない。自然科学においても、相対性原理や不確定性原理を議論する基盤も作った。

こうした流れと仏教への注目は併行関係にある。実はミュラーは『純粋理性批判』を最初に英訳した人物でもあり、カント思想の深い理解者であった。それ故にこそ仏教への注目もあったのだろう。

カントは、理性は世界の究極（物自体、イデア、要するにbグループ）に至りえないと考えたが、そうなると、我々人間の行動は何によって根拠づけられるのか、という大問題が浮かび上がってくる。それがカントにとっては「実践理性」であり、ハイデッガーにとっては「決断」であり、サルトルにとっては「投企」である。bグループがどうであろうと、人間は現実に行動せざるをえない。

この問題を釈迦は「箭喩経《せんゆきょう》」で説く。「箭」は「矢」、「喩」は「たとえ」、通称「毒矢の喩え」ともされる。

釈迦の弟子の摩羅迦子《まらかし》（マールンクヤプッタ）は、師が次のような疑問について講義してくれないことに不満があった。

それは、世界は永久に続くのか、世界に涯《はて》はあるのか、人は死後なお存するのか、魂と身体は同じであるのか、という疑問である。それぞれ、永遠、無限、恒常、完全ということであり、bグループに属する。

釈迦はこの問いに答えない。これを「無記」と言う。述べない、論じない、ということである。それぞれの問いへの答えは、そうであるかもしれないし、そうでないかもしれない、つまり正答に至りえない。それなのにこれにこだわり徒《いたず》らな議論にふけることは「戯《け》論《ろん》」にしかならない。

釈迦は説く。毒矢を射られて苦しんでいる者がいるとしよう。その時、その苦しむ者の出身が何であるか、弓の種類が何であるか、矢の種類が何であるか、これを議論し、結論が出るまで何もしないとするのが正しいであろうか。まず毒矢を抜かなければならないだろう、と。

この話もまた仏教が思想の軸たることを証明しているだろう。二千五百年前にカントの言う実践理性が要請される原形は出ている。

ところで、私は釈迦の教えに素直には従えない業深き種属、知識人の一人である。毒矢を抜かなければならないのは、釈尊のおっしゃる通りだが、戯論と承知しつつも戯論にふける誘惑に抗し切れない。「知りたい」のである。だって、ハイデッガーの「決断」はナチスを増長させただけだし、サルトルの「投企」は共産主義に利用されただけではないか。後世そんな風になろうとは、お釈迦様でも気がつかなかった。

aグループもbグループも、人間の思考の原形として、これから二千年も三千年もあざなえる縄の如く文明の軸となってゆくはずだ。これだけは確実だろう。

呉智英（くれ　ともふさ）１９４６年愛知県生まれ。早稲田大学法学部卒業。マンガ、思想、社会など幅広い分野で執筆活動を続ける。『現代人の論語』、『つぎはぎ仏教入門』、『日本衆愚社会』など著書多数。

カエサルはなぜ殺された?

佐々木毅（東京大学名誉教授）

ロムルスを最初の王として建国したローマは紀元前五〇九年、第七代のタルクィニウス王を追放して共和政に移行した。この立役者がルキウス・ユニウス・ブルートゥスであり、王に代わって市民集会で選ばれた任期一年二名の執政官が政治を担当することになった。同時に元老院は三百名に増員され、政治・軍事人材の供給源として期待された。

ローマは貴族と平民という二大グループからなる国家であり、後に平民の保護を名目に護民官という官職が設けられた。

都市国家としてのローマを指す言葉がレース・プーブリカ（res publica）であり、このレース・プーブリカに互いに競争しながら奉仕・貢献するのが特に有力貴族たちの最大の関心になった。それを支えたのが有力貴族と平民との保護・被保護のネットワークであった。

執政官の任期が一年に限られ、他の官職にも多くの同僚がいたことからも分かるように、権力の抑制均衡に細心の注意を払った体制（混合政体と呼ばれる）であった。また、政治的な決定が軍事力によって左右されないように、政治による軍事力のコントロールにも綿密な仕組みを案出していた。ローマでは宗教心と伝統への服従に裏打ちされた勇気が最も重要な徳目とされた。

共和政ローマは多くの軍事的成功を収め、地中海世界全体を支配するようになるが、それと共に古来の美徳が失われ、金銭欲と権力欲の横行と内部対立の激化が始まった。画期をなしたのはグラックス兄弟による土地改革の試みであり、名門出身の二人の悲惨な最期は、それから始まる「内乱の一世紀」の血腥《ちなまぐさ》い前途を示唆するものであった。

自分の身代金を引き上げ

ガイウス・ユリウス・カエサルは紀元前一〇〇年七月十三日、ローマに生まれた。当時のローマにおいて生まれは将来の経歴にとって重要であった。ユリウス一門は、第三代ローマ王トゥルス・ホスティリウスに征服されたアルバロンガの有力者の家系であり、長らく元老院に座を連ねてきたローマ貴族の一員であった。

しかし、共和政期に華々しく活躍した一群の名門貴族たちとは異なり、執政官のリストにもユリウス家門はほとんど登場しない。父親は執政官の次に高い公職である法務官になったが、そこで生涯を終えたらしい。政務官終了後に就任する属州総督の地位が財産を蓄積する大きな機会を提供していた当時の事情からすれば、政務官と無縁な家門であるということは、その財力が自ずからつつましく目立った政治的影響力とも無縁であったことをうかがわせる。

カエサルの幼年時代は同盟市戦争の時代であると共に、マリウスとスッラの両巨頭の対決の時代であった。伯父のルキウス・ユリウス・カエサルは前一世紀に執政官を務め、北はルビコン川から南はメッシナに至るイタリア半島の全自由人にローマ市民権取得を認めた「ユリウス市民権法」にその名を残している。カエサルの運命にとってより重大であったのは伯母がマリウスの妻であったことである。

そしてマリウスとスッラの対立は個人的な対立から党派的な対立（元老院派・閥族派対平民派）へと転化していく。スッラが執政官とミトリダテス戦の軍司令官に選ばれると、マリウスは護民官と謀ってその決定をひっくり返す。元老院の支持を得たスッラは軍隊を率いてローマに進軍したが、執政官が自ら軍を率いてローマに進軍するのは前代未聞であった。そしてマリウスを国賊と宣言し、平民派の弾圧を行なった。スッラが東征に出発すると、今度は執政官キンナがマリウスと謀って軍事力でローマを支配し、元老院議員五十名を含む大量虐殺を行なった。その際、現職の執政官も初めて殺害された。こうして建国以来のルールはこの二人によって相次いで破られた。

マリウスとキンナの死後、執政官に率いられたローマ正規軍は、ミトリダテス戦から帰国したスッラの軍に敗れ、今度はスッラが徹底した平民派の弾圧・抹殺を行なった。

マリウスとスッラの時代以降、武装を自弁できる市民団の軍だったローマ軍は、土地を持たない無産市民からなる志願兵制に変化し、更には有力な将軍の私兵的な性格を帯びるようになった。

この間、若きカエサルがキンナの娘と結婚したことは、平民派としての旗幟を鮮明にする意味を持った。若いカエサルも処罰対象リストに載り、関係者はようやくのことでスッラの許しを得ることにこぎつけたが、スッラの条件は平民派の巨頭キンナの娘との離婚であった。スエトニウスは、この時スッラが「あなた方がこんなに熱心にその無事息災を願っておられるあの男が、いつかは、私やあなた方が結束して守っている門閥派を滅ぼすであろう（略）カエサルの中にたくさんのマリウスがいるのだから」（『ローマ皇帝伝』国原吉之助訳）と言ったという。

ところがカエサルはこのスッラの出した条件を拒否した。そのため、カエサルはスッラに追われる身となり、全イタリア中を逃げ回っただけでは安心できず、ギリシアから小アジアへと逃亡生活を送ることになった。そして軍団に身を投じながら彼はスッラの死を待ったのである。

しかし、スッラ亡き後も平民派を取り巻く環境は厳しく、カエサルはロードス島での海外留学に出かける。その途中で海賊に捕まるという事件に遭遇した。

海賊は身代金として二十タレントを要求したが、カエサルは「お前たちはわしが誰か知らないのだ」とばかりに自分の方から五十タレントに身代金を引き上げ、従者を金策に送り出すと自らは海賊の中に残り、思い切り高慢に振る舞った。その際、海賊たちに向っていずれ縛り首にしてやると言って脅した。五十タレントを支払って解放されるや否や、海賊退治に出かけ、同じ海賊たちを捕え、やがて縛り首にしたという。これは後年のカエサルの大胆不敵なイメージを彷彿させるエピソードとして有名である。

出世と借金

スッラの目的は元老院を強化し、グラックス兄弟以前の状態にローマの政治体制を戻すことにあった。護民官の権限を削減し、元老院議員を六百名に増やしたのはその一環であった。元老院中心体制というのは一種の集団指導体制であり、政務官への就任や軍事的指揮権には厳格な年齢条件がついていた。

このスッラの陣営の中から台頭したのが、後にカエサルと共に三頭政治を結成するポンペイウスとクラッススの二人であり、犬猿の二人は共に執政官選挙への立候補を望んでいた。元老院は従来のルールから彼らの立候補に消極的であったが、二人は事実上の同盟の力によってその企図を実現した。これはスッラ派がスッラ体制を崩していく過程の始まりであった。

同じ頃、カエサルは三十歳を過ぎ、ようやく二十人の会計検査官の一人に選ばれたところであり、それを務めた後は元老院に議席を得ることになった。当時からカエサルは政治的名声には程遠かったが、借金の多さでは有名であったといわれている。これは基本的に影響力の蓄積・拡大を積極的に行なったことに伴う対価と考えられる。次にカエサルは按察官に就任し、公営物の修理や改修、建設に従事した。更に三十七歳にして終身職の最高神祇官に当選し、翌年には法務官に選出される。この頃、カエサルには借金と女性関係の噂ばかりが増えたという。

スッラが再建した元老院体制は、ローマ軍団の司令官は北から帰国する場合にはルビコン川、南から帰国する場合にはブリンディシで軍団を解散させることとした。そして司令官は少数の従者とともに凱旋式に備えローマに赴くが、凱旋式までは城壁内に入ってはならないと定めた。これは政治を軍事力から分離するための仕組みであった。

執政官への立候補は本人が直接カピトリーノの丘でしなければならないが、先の凱旋式をめぐるルールと合わせると、武勲赫々《かくかく》たる軍司令官が直ちに執政官に立候補することは、凱旋式の時期によっては事実上不可能になる。

軍事力を背景にした独裁政権こそ元老院体制の最も警戒するところであり、ルビコン川とブリンディシで軍団を解散するかどうかを元老院は何よりも注視していた。

元老院を骨抜きに

ポンペイウスは紀元前六二年、海賊退治と東方制覇という成果を挙げてブリンディシに帰ってきた。彼は早速軍団を解散し、執政官への立候補などの要望を伝えたが、元老院の反応は芳しくなかった。

前法務官として属州総督も務めたカエサルにも凱旋式か執政官立候補の届け出かという

選択肢が突き付けられたが、彼は凱旋式よりも執政官への立候補の届け出をあっさりと選択した。元老院も立候補は認めざるを得なかった。カエサル四十歳の時のことであった。

そこで成立したのが三頭政治であった（前六〇年）。提案者はカエサルという説が多い。すなわち閥族派に不満な二人の有力者、ポンペイウス、クラッスス（カエサルの最大の債権者と言われる）がその影響力を行使してカエサルの執政官当選を後押しし、カエサルは執政官としてその権限をフル活用して、二人の宿願を実現するという約束が結ばれたのである。

これは政治決定の舞台が元老院から三人の密室での交渉に変わっていくことであり、元老院体制の事実上の骨抜きを意味した。元老院の政治軍事人材の払底がこの背後にあった。興味深いことに、元老院派は三頭政治の存在そのものに半年も気がつかなかったという。

執政官になったカエサルは、ポンペイウスやクラッススの要望を念頭に置いた立法を、元老院の抵抗を排して次々と実現した。カエサルは自分の娘とポンペイウスとの結婚によって権力の地固めをし、最後に、執政官任期後に自ら就任する属州についての、元老院の既存の決定を見直す新しい立法を設定して、南仏ガリアなど三属州で、任期五年、四個軍団付の総督の地位を獲得した。三頭政治の誼《よしみ》でその後の人事を決めた後、カエサルはガリアに向って旅立った（紀元前五八年）。『ガリア戦記』に描かれたように、ガリアでのカエサルは輝かしい戦果を挙げ、その軍事的能力に対する評価を著しく高めた。しかし、気になるのはローマの政治状況である。そこで前五六年にルッカで三頭会談が行なわれる。ここで前五五年の執政官選挙へのポンペイウス、クラッススの立候補を決め、併せて、執政官終了後に二人が総督として赴任する属州を予め決定すると共に（任期五年）、カエサルのガリア総督の地位を更に五年間延長し、各人の軍事力を各々十個軍団とする決定を行なった。

ルビコン川を渡る

このように三頭政治は新しい立法によって元老院のコントロールを弱体化させたが、元老院勢力はカエサルとポンペイウスとの離間策によって対抗しようとした。

クラッススの戦死によって三頭政治は終わりを告げ、ローマでは元老院派と平民派とが暴力衝突を繰り返していた。事態収拾のため、前五二年の執政官は一人ということに決まり（独裁官に事実上接近）、ポンペイウスが就任したことで、彼と元老院派との結びつきが深まった。

前四九年一月、元老院は非常事態宣言によって、護民官を中心にしたカエサル派の抵抗を排除すると、カエサルの総督解任と後任人事の決定を発令した。併せてポンペイウスと元老院の決定に従わない者は国賊となるという。

この元老院の決定を無視して内戦に賭けるか、それとも、元老院に屈するか。カエサルがルビコン川に達し、「今からでも引き返せるのだ。しかしいったん、この小さな橋を渡ってしまうと、すべてが武力できめられることになろう」と逡巡していると、その時、奇跡が起こったという。

大柄な男が忽然として現れ、兵士からラッパを取り上げて吹き始め、そのまま川の向う岸へ渡った。この時カエサルは「さあ進もう。神々の示現と卑劣な政敵が呼んでいる方へ。賽は投げられた」と言い、ルビコン川を渡ったという（『ローマ皇帝伝』）。紀元前四九年一月十日のことであった。

ルビコンを渡ったカエサル軍が猛スピードでローマに向っているという情報に接して、元老院派は大混乱に陥った。もともとイタリアは非軍事化されており、ポンペイウスにも打つ手がなかった。

一月十七日、ポンペイウスはローマを捨て、二人の執政官とかなりの数の元老院議員もローマを離れた。カエサル軍に対する軍事的な抵抗は腰の据わらないものでしかなかった。ポンペイウスと執政官、元老院議員たちはブリンディシに向い、ギリシアへと出帆した。カエサルもブリンディシに向うが、イタリアで決着をつけることはできず、ローマ帝国全体を巻き込んだポンペイウスとの対決が繰り広げられる。

先ずポンペイウスが属州総督を務めるスペインを征し、ローマで十日余り独裁官を務め、執政官に選出された後にギリシアに向い、ファルサロスの戦いでポンペイウス軍を破った（前四八年八月九日）。敗れたポンペイウスはエジプトで殺害され、内戦の様相は大きく変わった。

その後カエサルはエジプトや近東地域、アフリカに転戦し、旧ポンペイウス派を制圧した。初めての凱旋式は四度に分けて行なわれた（前四六年八月）。但し、ファルサロスの勝利の凱旋式はなかった。この内戦を通してカエサルはローマ人に対しては寛容を旨として対応し、ポンペイウスに加担した多くの人々の帰順を許した。この点で徹底的な弾圧を行なった、かつてのスッラの内戦処理とは大きく違っていた。

帝政への道

紀元前四五年〜四四年にかけてカエサルは元老院や市民集会から数々の権力や権威を与えられた。

代表的なものとしては終身独裁官という事実上新しい官職、同時に執政官に就任する権利、インペラトールの称号、「国家の父」の称号、終身の風紀取締官、元老院やその他の公的な式典・会場における特別席、官職任命権、身体不可侵権、「カエサルの寛容」と命名された神殿の建立などがそれである。

元老院は九百人に増員され、属州に住む市民権所有者が新たにメンバーに加わった。元老院のメンバーは統治の担い手になることが期待されていたが、権力の重心は終身独裁官で執政官を兼ねるカエサル個人に明確に移動し、帝政への道ははっきりと敷かれたのであった。執政官人事もカエサルの一存で決まり、選挙のない年もあった。

終身独裁官となったカエサルは傲岸不遜であったとか、人前で「共和国は白日夢だ。実体も外観もない。ただ名称のみ」「世の人は、私にむかって今やいっそう慎重に話しかけねばならぬ、私の発言は法律とみなされるべきだ」とか語ったと伝えられている(『ローマ皇帝伝』）。こうしてカエサルは王の称号を熱望しているという噂が絶えなくなった。カエサルの像の下には「（ルキウス）ブルートゥスは王を追放して、初めて執政官になった。こいつは執政官を追放して王になった」という落書きがあったという。そして前四四年三月十五日、カエサルは「ポンペイウス回廊」で開かれた元老院の会合で暗殺されることになる。

暗殺は決行されたが

これについても古来多くの前兆が伝えられているが、その一端はシェイクスピアの『ジュリアス・シーザー』などにまで及んでいる。この日の会合は目前に迫ったパルティア遠征を議する目的で開かれたが、「パルティア人は王によってしか征服され得ない。それゆえわれわれはカエサルを王と呼ぶべきだ」という発言が出されることも警戒されていた。実際、パルティア遠征が成功すればカエサルの王位はもはや妨げられないという観測が広がっていた。

暗殺は会議が正式に始まる前に一瞬のうちに決行された。暗殺者のメンバーはマルクス・ブルートゥス、カッシウス、デキムス・ブルートゥス、スルピキウス・ガルバなどでである。カエサルの死後に明らかになった彼のその後の人事案によれば、彼らの何人かにはカエサルによって枢要なポストが用意されていた。

暗殺は決行したものの、彼らには大きな戦略はなく、民衆の熱狂的な支持もなく、自らの身を守ることに汲々とする有様であった。実現したのは終身独裁官職の廃止くらいであった。

更にカエサルの遺言状により、遠縁で若輩のオクタウィアヌスが第一相続人に指名され（ちなみに、第二相続人は暗殺グループのデキムス・ブルートゥスであった）、自他共にカエサル側近を自負するマルクス・アントニウスとの関係が焦点になった。暗殺派はアントニウスとオクタウィアヌスとの対立を利用することに期待するまでに追いつめられた。

前四三年十一月に、オクタウィアヌス、アントニウス、レピドゥスによる三頭政治が始まると、カエサル暗殺に対する復讐と反対勢力の壊滅を正面から謳い、カエサルの寛容政策を放棄した。

スッラの時代を思わせる復讐が始まり、ローマ第一の知識人で共和政に最後まで望みを託し、暗殺者たちにも少なからず影響を与えたキケロもこの中で落命した。

前四二年一月一日、カエサルは元老院決議で神とされた（「神君カエサル」）。同年、マルクス・ブルートゥス、カッシウスがオクタウィアヌス、アントニウスと戦い、敗死し、政治体制をめぐる抗争に終止符が打たれた。

カエサルの平和か共和政の自由か

カエサルはスッラの再建した元老院体制の限界を指摘し、これに対してキケロはなおその可能性に賭けた。

しかし、ローマが今や膨大な属州を抱え、巨大な軍事力を日常的に動員しない限り自らを維持できなくなっているという現実について、両者の認識に大きな違いはなかった。

カエサルは金銭欲と権力欲によって共和政の基盤が崩壊したことを踏まえ、一つの巨大なる権力（終身独裁官といった名称の下での）によって「平和」への将来展望を切り開こうとしたが、共和政の伝統からすれば、それはかつて抹殺したはずの王政への復帰であり、「自由の喪失」と映ったのである。

キケロはリーダーの倫理的覚醒と権力欲からの解放によって共和政がなお現実性を持ちうると考えた。これは政治的には、有力な軍人政治家を元老院が「飼い慣らす」ことを意味した。ポンペイウスについて元老院はこれに成功したが、カエサルについては成功しなかった。

カエサルとキケロの関係は単純ではないが、晩年になるにつれて、キケロのカエサルへの評価は厳しいものとなった。自分の名誉と権力を追求し、正義を無視して行動する人々の代表とみなしたのである。カエサル暗殺はその意味で老キケロを興奮させた。

「共和国は白日夢だ」というカエサルの指摘は暗殺者たちの末路を予言したものであろうが、カエサルの後に続く皇帝支配にも権力の独占に伴う深刻な病理が付きまとうことになる。権力問題には絶対的な解はないということをローマ史は教えてくれる。


佐々木毅（ささき　たけし）１９４２年秋田県生まれ。東京大学法学部卒業。東京大学総長、学習院大学教授などを歴任。『プラトンの呪縛』、『よみがえる古代思想 「哲学と政治」講義１』など著書多数。

「キリスト教」はイエスの死後につくられた

加藤隆（千葉大学教授）

キリスト教は、後一世紀前半のイエスの活動がきっかけとなって生じた。「キリスト教」は、「ユダヤ教」とは別のものであるかのように理解されてしまっている。しかし「キリスト教」は一種の「ユダヤ教」だと考えた方が、誤解が少ないと思われる。後一世紀に、それまでのユダヤ教に変革の機が熟して、結局のところ後一世紀末頃に、二つの選択肢が選ばれ、それぞれが展開することになった。そのひとつが「キリスト教」と呼ばれるようになった。

「ユダヤ教」と「キリスト教」のどちらにおいても、神は、ユダヤ民族の神だったヤーヴェである。このことに着目して、「ユダヤ教」も「キリスト教」も「ヤーヴェ崇拝の宗教」と考え、「ユダヤ教」は「ユダヤ民族に限定された〈ヤーヴェ崇拝の宗教〉」、「キリスト教」は「ユダヤ民族の枠にとらわれない、普遍主義的な〈ヤーヴェ崇拝の宗教〉」と捉えるならば分かり易いのではないだろうか。

神ヤーヴェの沈黙

「ヤーヴェ崇拝の宗教」は、イエスの運動が展開しはじめるまでは、基本的にユダヤ人たちだけの宗教だった。これを「従来のユダヤ教」と呼ぶことにする。

この「従来のユダヤ教」は、イエスの頃、大きな問題に直面していた。「神の沈黙」である。イエスの頃には、この問題が本格的になってから、すでに八百年ほど経っている。「従来のユダヤ教」は、この問題にどう対処すべきかについて試行錯誤を繰り返していた。

「従来のユダヤ教」は、ヤーヴェが、「神の民」になることになる集団を選んで、彼らに恵みを与えたことから生じた。前十三世紀の「出エジプト」の出来事が決定的な意味を持ったとされている。神によって恵みが与えられたこと――「出エジプト」の出来事に即して言うなら、エジプトの支配から脱して、「約束の地」(「カナン」、今のパレスチナ)で独立した生活ができるようになったこと――に対して、選ばれた者たちは、ヤーヴェを自分たちの神として崇拝するという、いわば「人の側からの神の選び」を行った。この相互の選択によって、イスラエル民族(ないしユダヤ民族)だけに恵みを与えるヤーヴェと、ヤーヴェを自分たちの神とするイスラエル民族というカップルが誕生した。

ところが、神が沈黙する。神が恵みを与えない、神が民を見捨てる。

このことは、前八世紀に、当時ユダヤ人たちが作っていた南北二つの王国のうち北王国が滅んだことで、判然とする。

ヤーヴェは、自分の民であるはずの者たちを守らなかった。ヤーヴェは頼りない神だ、ということになってしまう。だから、ということで、ヤーヴェを見捨てるという者たちも多かったと考えられる。しかし、それでもヤーヴェを見捨てない者たちもかなりいた。

ヤーヴェが沈黙し、ヤーヴェに見捨てられているのに、ヤーヴェを自分たちの神として崇拝するということを選んだ者たちにおいて、「神の沈黙」が大きな問題になる。

そこで、一つの合理的な考え方が工夫される。ヤーヴェが沈黙しているのは、ヤーヴェが「頼りない神」「ダメな神」だからではない。そうではなくて、民の態度がダメだからである。神の前で民がいい加減な態度をとっていて、そのような民に恵みを与え続けるのを神がやめた、と考えることにした。

「民の態度がダメ」という事態は、旧約聖書でさまざまに表現されている。そのうちで最も典型的な用語は、「罪」である。「罪の状態にある」とは、神の前できちんとした態度をとっていない状態にある、ということである。「罪」の考え方は、「神の沈黙」を、神を貶《おとし》めずに、合理的に納得する説明になっている。

しかし、「民は罪の状態にある」という考え方が工夫され定着しただけでは、「神の沈黙」という現実は解消しない。「どうすればいいのか」ということになる。自分たちの態度がダメならば、ダメでなくなればよい。「罪」という語に対応する表現を用いるなら、民が神の前で「義」の状態になればよい、ということになる。

ここでまた困難が生じる。「罪」の考え方は、神を貶めないために、抽象的に工夫されたところが多分にある。したがって、民がダメだとして、具体的に何が、どんなところが、「ダメ」なのかが、はっきりしない。また「神の前で義《ただ》しい」とはどのようなことかが、はっきりしない。

そこで、試行錯誤が行われることになる。

現状を批判し、義しいあり方が何かを指摘するということが、いろいろと行われる。そこでは、自分（ないし、自分が属する集団）は、究極の善悪の基準を理解しており、善を完璧に実践している、と信じ込んでしまうといった、もっとも困った事態も生じてしまう。

しかし、さまざまな反省もなされるようになり、一応の結論的な立場が、民全体のものとなるべく熟してくる。それは、簡潔に言うならば、「人が何をしても、救われない」「人が何をしても、神を都合よく動かすことはできない」という認識である。

「罪」による説明も無効に

人の状態がダメ（「罪」）だとして、それで、人が自分の態度を変更したとしよう。人が勝手な判断で「義しい」と決めた状態を、完璧に実現したとしよう。そうだとして、それで、神はその者を救わねばならないのだろうか。

もしそうならば、神は、人の操り人形のようなものだということになってしまう。人の状態が、人の側の勝手な基準に即したところの悪か善かによって、神は自動的に、人を見捨てたり、救ったりする。人は、神の前で、いかにも神を尊重したような、へりくだった態度を取るかもしれない。しかし実際には、人が神をコントロールしていることになる。人は、神をうまく動かすコツを身につければいいのである。これは、神を神としない立場である。

そうではなく、神の前で、人は無力であるしかない。

しかし、こうした認識は、一見して思われてしまうようには絶望的ではない。要は、動かない神が、ふたたび動き出して、恵みを与えることを再開すればよいのである。その可能性は消えていない。

　人は、有効なことは何もできない。しかし、人の状態が、さまざまな基準からどのようであれ、それと関係なく、神が、いわば勝手に、動き出せばよいのである。

「神が一方的に、動くしかない」。このことは、「人が何をしても、神を都合よく動かすことはできない」という認識と表裏一体をなしている。またこの段階に認識が進んでいるということは、「罪」による説明が無効になっていることを意味している。

「神は沈黙している」「人が何をしても、神を都合よく動かすことはできない」「神が一方的に、動くしかない」。これが、イエスの頃の、「従来のユダヤ教」の状況である。

　こうした状況は、人間が認識できる範囲内のことである。前一世紀頃までには、こうした認識が、ユダヤ民族全体にかなり浸透してきたと考えてよいようである。この時期になると、何が悪であり、何が善なのかを知っているという立場から、民全体に権威ある見解を突きつける「預言者」といった活動家の姿が見られなくなる。

　一方、神学思想のこうした進展が了解できない者たちのうちには、自分たちの小さな生活の周辺に勝手に善悪の基準を適用して、「敬虔な態度」によって自己満足を求めようとする者が目立つようになる。

普通の人間イエスの意義

イエスから始まる流れにおいては、神は全面的な沈黙を続けるのではなく、人と積極的・肯定的な関係をもつべく動き出した、とされている。「神が、一方的に動いた」とされている。イエスは、その最初の実例である。

イエスについては、彼が、普通の人間でなく、神との関連で特別な存在だったといったことが、さまざまに主張されることになる。しかしイエスが神との関連ですでに特別な存在で、そのようなイエスが地上で特別な活動をいくらか行ったというだけなら、普通の人間である我々にはあまり関係ないことになってしまう。

イエスが普通の人間であり、そのような者でしかないのに、神が彼を選んだのであるからこそ、他の普通の人間にも、もしかしたら自分にも神の選びが行われるかもしれないと思ってよい可能性が生じる。

神はまず一人を選んだ。言うなれば、この「一人」は誰でもよかったのである。しかし、誰でもないというわけにはいかない。それで、いわば、「偶然に」（神の一方的な選びによって）、イエスという者が選ばれたのである。

「イエスの意義」は、イエス自身に本来的に備わっていた意義や価値、ではない。「イエスには本来的には特別な価値がないのに、なぜか彼が神によって選ばれた」というところに「イエスの意義」がある。

イエスだけが、神に選ばれた。他の者たちは、あいかわらず、神から見放された状態である。イエスは、社会的には、それまでと同じように、目立たない存在として、人生の残りを生きてもよかったのかもしれない。他の者たちについては、依然として、「神が一方的に、動くしかない」のである。

ところがイエスは、社会的にかなり目立つ活動を行った。具体的には、「律法」と「神殿」を批判・否定するという活動を展開したことが際立っている。律法を守らなくてもよいと主張し、自らの行動をもってこれを示したりした。エルサレムの神殿では、境内で派手に暴れるという直接行動を行った。

「律法」と「神殿」は、ユダヤ教の枠内でこの上なく神聖なものとされていた。したがってイエスの活動は、常識的には、明らかに「冒瀆《ぼうとく》」である。エルサレムにおいても、目立った批判活動をやめようとしないイエスは、逮捕され、処刑されてしまう。

律法や神殿が、神との生き生きした繋がりを表現したものでないことは、確かである。

しかし、それらが問題視され否定されても、それで人々に神との生き生きした繋がりが生じるのでもないことも、確かである。イエス以外の人々にとっては、「神が一方的に、動くしかない」。

既存の社会秩序を批判・否定し、そしてたとえ破壊しても、それで神が動き出すのではない。「神が動く」という可能性が実際的になったことを人々に告げることを、イエスは自分の中心的活動としていたようである。これが「良い知らせ」（「福音」）と呼ばれるようになる。しかしこれは、期待される現実（「神との繋がりの成立」）の実現についての予告でしかなく、予告がなされても、予告された現実が実現しない。

神による選びが生じたにしても、選ばれた者が実現できることは、かなり限定的でしかない。イエスは、神によって選ばれた者だったのかもしれないが、神を都合よく動かす力はなかったようである。目の前の状態——既存の社会や、神との繋がりのない人々の状態——を、劇的に一瞬のうちに変化させるといったこともできなかった。

ローマの政策的介入の可能性

イエスは、死刑によって、排除された。イエスの十字架事件は、後三〇年のことと考えるのが、順当なところである。イエスの活動のあり方は、ユダヤ社会から全面的に否定された形になった。

しかし、驚くべきことに、イエスの後継者と言うべき者たち（ペトロなどの「弟子たち」）が、イエスの処刑からあまり経たない時（数十日後？）に、しかも、イエスが処刑された場所であり、ユダヤ当局の本拠地であるエルサレムで、神との関連でイエスをきわめて高く位置づける立場から、堂々と活動を開始する。

イエスについては厳しく臨んだユダヤ当局が、この新たな動きについては、ほとんど傍観するようでしかなかったことは、奇妙だと考えるべきである。

あくまで憶測だが、ユダヤ当局がこのように突然に動けなくなったことについては、ローマ側の政策的介入を考えるしかないのではないだろうか。

イエスが始めた活動は、神との関連において既存のユダヤ教の最高の権威である「律法」と「神殿」について根本的に否定的な活動である。そして、ユダヤ教社会の内部に生じたこの活動は、かなり根本的な分裂の動きとなり得るものになっている。ユダヤ当局がイエスだけを迅速に処刑して、イエス・グループの幹部たちや、さらに賛同者たちを大量に処分するということをしなかったのも、ユダヤ教社会の根本的分裂の兆《きざ》しを気づかれないようにするための態度のように、見えなくもない。

ローマ側は、イエスの処刑の後に、イエスが始めた運動の意味に気づいて、エルサレムにおけるペトロたちの堂々とした活動を促すように動いたと考えられる。被支配民族を分裂させることは、帝国支配の根本原則である。こうしたチャンスを、ローマが逃すことはないだろう。また、ペトロたちの堂々とした様子、ユダヤ当局の傍観的態度は、他にどのように説明できるだろうか。

「教会」の成立

ペトロは大胆な働きかけを行った。エルサレムで人々に呼びかけ、賛同する者たちを仲間に加えて、昼も夜も共に行動し生活する共同体を成立させた。学者たちによって「エルサレム初期共同体」と呼ばれている。ペトロの方針は、イエスの活動方針の重要な面を無視するものとなっている。

共通点は、「神からの介入を期待する」というところである。しかし、この出発点からの方向が、イエスとペトロで一致していない。

イエスは、町や村を巡って、人々に「期待される現実」についての呼びかけを行った。

人々が、それまでの日常生活を変化させる必要はない。人々が何か特別なことを行っても、それで神による救いが実現するのではないからである。「人が何をしても、神を都合よく動かすことはできない」「神が一方的に、動くしかない」という、古代ユダヤ教の結論に沿った態度になっている。

ところがペトロは、人々がそれまでの日常生活にとどまるのでなく、特別な活動を行うことに意義がある、という方針で臨んでいる。「人が何をしても、神を都合よく動かすことはできない」はずなのに、人間の側の活動が神を動かす上で有効なところがあるかのような立場になっている。「神を動かすために何をすべきか」をペトロは知っているという姿になっている。

ペトロが指導者になり、人々がそれに従う。ある程度以上の大人数の者が、この指導に沿って特別な活動を行うと、特別な組織や制度が生じる。

指導者がいて、それに従属する者たちがいる。彼らが独自の団体を作る。このことが重要である。「人（指導者）による人（従属者）の支配」というべき事態が生じた。

指導者は、指導する者であり、「教え」を与える者である。「神を動かすために何をすべきか」についての具体的指摘が、「指導」「教え」の内容である。

この「教え」には、正当性がないはずである。「人が何をしても、神を都合よく動かすことはできない」はずなのに、「神を動かすために何をすべきか」が「教え」によって指摘されているからである。「教え」に価値があることは、指導者側によって主張されているだけである。

たとえばペトロが開始した「エルサレム初期共同体」は、間もなく維持できなくなる。メンバーは、すべての財産を共同体に寄付することが原則だった。共同体の収入は、新入会員の寄付だけである。貧乏人出身のメンバーが増えると、共同体は、収入がないのに、負担だけ増えるということになる。共同体が財政的に破綻することが、見えてくる。すると金持ちの者たちでメンバーになりたいと思う者がいても、経済的心配から躊躇《ちゅうちょ》する者が出てくる。

そこで「すべての財産を寄付する」という「教え」が変更され、「希望するなら財産の一部を私有のままで保持してもよい」ということになった。神による救いのためになさねばならないこと」であったはずのことが、どちらでもよいようなことであると暴露されてしまった。

「教え」の多様性

「教え」の内容は、人を集めるのに有効であれば、何でもよいのである。「当該の活動が、神による救いを誘うために有効だ」という正当性のない主張を、正当だと認めるには「信じる」しかない。「〈教え〉に賛同し、従属する者たち」は、「信じる者」「信者」と呼ばれ、「信仰」がきわめて重要なものとなる。

「これこれの特別な活動が、神による救いを誘うために有効だ」という主張は、社会の現実において、かなり有効に機能した。

社会的に有効であればよいのだから、さまざまな指導者ないし指導者グループが登場し、さまざまな「教え」が試みられる。新約聖書におさめられている諸文書は、こうした多様な試みが早い時期から行われていたことを示している。たとえばイエスのイメージを工夫することは、重要で有効な手段だった。四つの福音書があることは、少なくとも四種類の異なったイエスのイメージが工夫されたことを物語っている。

またパウロは、イエスについてこれらとは別種の位置づけを行っている。福音書はイエスの活動の物語である。イエスの地上での様々なエピソードが報告されている。ところがパウロは、十字架以前のイエスの活動に意義を認めない。イエスにおいて意味があるのは

「十字架」だけだとしている。

このように、「教え」は互いに異なっており、場合によっては厳しく対立し、否定しあうものになっている。それぞれの「教え」に、従属的メンバーがいる。「教会」が、さまざまな分派に分かれていて、場合によっては鋭く対立するのは、このためである。大規模な戦争も行われた。ずっと後世になるが、十六〜十七世紀のヨーロッパでカトリックとプロテスタントの対立を軸にして生じた「宗教戦争」は、顕著な実例である。

しかしこの対立は、工夫次第でどのようなものでもあり得るような「教え」の違いに起因するものである。個々の「教え」の内容は、それほど重要でなく、変更され得るようなものである。だからこそ、対立する「教え」が生じるし、それが有効だということになると、分派が生じる。

広い意味での「教会」にとって真に重要なのは、指導者がいてそれに従属する者たちがいるという構造、「人による人の支配」の構造である。

その他の項目としては、ヤーヴェを神とすること、イエスをそれなりに（さまざまなイエス・イメージが可能）重視すること、しばらく後の時期からは、旧約・新約からなる聖書をとにかくも価値あるものとすること、こうしたことくらいが、広い意味での「教会」

の全体を覆う共通点である。

したがって分派が生じ、対立のために殺し合いが生じるようなことがあっても、「信じる者たち」を従属的な位置に保つために起こってしまう困った問題でしかない。こうしたことは、ほとんど無意識のうちに、しかしかなり確実に、多くの人に認識されているようである。だからこそ、内部にさまざまな対立があっても、「キリスト教」という全体的まとまりがあるということは当然のことのように了解されている。

個々の分派の内部で深刻な問題が生じることもある。「信者」「従属者」であるべき者たちが、指導者に従属しない立場を選ぼうとする動きが生じることがある。自分たちが了解した「信仰」の内容に価値があるとして、独立できると考えるから、このようなことが生じる。こうした動きは、基本的に厳しく排除されることになる。このことも、「人による人の支配」の構造がいかに重要かを物語っている。

指導者への従属が重要なのだが、このことは指導者が与える「教え」の内容の完璧な実現が要求されていることを意味するのではない。指導者とその「教え」の権威を認めて、従属的な立場に立つことを続けていれば、「教え」遵守の実際の程度はそれほど重要ではない。

メンバーであり続けるならば、「いい加減なメンバー」でも構わない。さまざまな「教え」が横並びになっていることを、「ヨコ方向の多様性」と呼べるならば、個々の教えの遵守の程度がさまざまであることは、「タテ方向の多様性」と呼べるだろう。もしも「キリスト教」が「教え」を完璧に守らねばメンバーでないといった厳格なセクト集団だったとしたら、巨大な人数をメンバーとすることができ、ローマ帝国のような大帝国を支える柱として有効に機能し、文字通り世界規模で展開して大きな勢力となるような運動とはなりえなかっただろう。

神は動かない

冒頭で述べたように、「ユダヤ教」と「キリスト教」は、「ヤーヴェ崇拝の宗教」というべき流れの二つの形態である。

一世紀末に、この二つの存在が確定した。

ユダヤ教の主流は、イエス以来の流れを拒絶する選択を行った。この時期、「律法主義」を採用したことが決定的である。

イエスの例などを是認するならば、神は若干の肯定的な介入を行っているのかもしれない。しかし全体的には「神の沈黙」は、続いたままである。ユダヤ戦争（六六−七〇年）は、神が恵みの付与を本格的に再開したのかどうかを確認する機会になっていたのかもしれない。しかし、神は動かないままである。

「律法主義」を全面的に採用することは、「人による人の支配」の選択肢を退けることを意味する。「掟（律法）の前での平等」の原則が機能するので、人に上下はなく、すべてのメンバーが平等になる。「神の支配」は期待されているが、到来しない。「人による人の支配」は拒否する。「神から与えられた律法の支配」は、神不在の中でのいわば次善の策になっている。

また「律法」は、モーセ以来、神によってユダヤ人に与えられたものというのが公式の位置づけである。律法の権威を認める者がユダヤ人である。「律法主義」の採用は、民族主義的立場の保持を選択したことを意味する。

このような次善の策を採用するしかないのは、神が本格的な介入を実行せず、沈黙したままだからである。「神の支配」がほんとうに実現するならば、「律法の支配」は無効になるだろう。

神ヤーヴェのみ保持された

一方、イエス以来の流れでも、神ヤーヴェの介入がほんの小規模なものでしかなく、大部分の者は「神に見放された」状態であることが前提になっている。しかし、この小規模な直接的介入において、神が従来のユダヤ民族の枠にとらわれず、ユダヤ人からも非ユダヤ人からも、対象となる者を選んだことに注目する。

このことを根拠にして、非ユダヤ人出身の者も「教会」のメンバーとして受け入れられることになる。こうした立場は「普遍主義」的である。ここでの「普遍主義」とは、人間ならば誰でも受け入れられ得る、という意味だが、特に「ユダヤ民族の枠にとらわれない」ということが重要である。

しかし、それはユダヤ的なものの全面的な否定ではなかった。「普遍主義的な〈ヤーヴェ崇拝の宗教〉」である「キリスト教」が、ユダヤ的なものを軸にした世界支配のひとつの試みになっていることは、確認されるべきである。

ユダヤ勢力が、単なる中規模民族の存在であることを越えて、広く勢力を伸ばそうとしたことは何回かある。ソロモン王の時（前十世紀）、ハスモン王朝の時（前二世紀後半から前一世紀半ば）、またヘロデ大王（前一世紀後半）にも野心的なところがあった。

ユダヤ民族は後一世紀後半に、全民族がほぼ一致して、ローマと戦争をする（前述のユダヤ戦争）。巨大なローマ帝国に、中規模民族のユダヤ民族が立ち向かうことは、この上なく無謀なことだという印象をもってしまうかもしれないが、実はそれほど無謀なことではない。前一世紀に急速に大きな勢力になったローマも、元は中規模の勢力である。ローマにできたことなら、ユダヤにもできるだろうと考えてよい余地は十分にあった。

だが、ユダヤ戦争での敗北によって、ユダヤ民族の政治的・軍事的な勢力拡大の企ては、完全に失敗する。

しかし、ユダヤ的なものの勢力拡大は、政治的・軍事的に限られるものではない。イエス以来の流れは、ユダヤ的要素として神ヤーヴェだけを確保し、その他の要素は顧みないという選択をした上での試みになっている。

このことを最初にかなり明確に意識したのはパウロだろう。エルサレム教会の二代目の指導者であるヤコブのやり方の観察から、「人による人の支配」の意義をパウロは認識したと思われる。

ヤコブは、従来のユダヤ教に伝わる律法の価値を保持した上での普遍主義を進めようとしていた。しかし律法を尊重していたのでは、ユダヤ的なものが普遍的になることは、実際上かなり難しい。それに対し、パウロは、「律法なしのヤコブ主義」という立場を採用することになる。律法は退ける、「人による人の支配」で実際的な社会統治を行う。しかし、神はユダヤの神であるヤーヴェである。パウロの試みは草創期のものだが、後の「(広い意味での)教会」の様子は、パウロの目論見が世界規模で展開して、二千年近く存続した姿になっている。

加藤隆（かとう　たかし）１９５７年神奈川県生まれ。東京大学文学部卒業後、ストラスブール大学プロテスタント神学部博士課程修了。神学博士。『歴史の中の「新約聖書」』、『一神教の誕生　ユダヤ教からキリスト教へ』など著書多数。

ローマ帝国を滅ぼした難民と格差

井上文則（早稲田大学文学学術院教授）

二〇一五年、ＥＵ（欧州連合）にシリア、アフガニスタン、イラクなどから、一〇〇万を超えるイスラム系の難民が押し寄せた。

大量の難民の受け入れを巡ってＥＵ諸国は動揺し、難民受け入れを積極的に進めたドイツのメルケル首相は、内外から批判を浴び、苦境に立たされた。難民危機の中、フランスのパリでは一一月一三日に同時多発テロが起こり、一二月三一日にはドイツのケルンなどの都市で主に女性に対する大規模な略奪、暴行事件が起こった。いずれの事件にもイスラム系難民を装った者が関与していた。翌二〇一六年の六月にはイギリスが国民投票の結果、ＥＵから脱退することになったが、これには前年からＥＵを揺るがしていた難民危機も大きく影響したことは疑いないだろう。難民危機を前に、各国では排外主義が広まり、世論は右傾化している。離脱ドミノが起こることで、ＥＵそのものが崩壊することが現実味を帯びてきた。

難民危機に直面するEUの姿は、ローマ帝国末期の姿を彷彿《ほうふつ》とさせる。ヨーロッパのみならず、中東、北アフリカにまで広がった巨大な領土を五〇〇年以上支配した帝国ローマも、「ゲルマン民族の大移動」と呼ばれる、ゲルマン系の大量難民の波に四世紀以後襲われ、排外主義が高まる中、五世紀に滅亡したからである。

問題はEUという組織の崩壊だけには留まらない。フランス国民戦線のマリーヌ・ルペン党首は、二〇一五年九月に「フランス国民の行動が皆無なら、私たちが被《こうむ》っている人口移動の侵略は四世紀のそれに何ら劣らず、同じ結果をもたらすだろう」と述べ（墓田桂『難民問題』中公新書）、フランスの文明の行く末に危機感を示した。ルペンの発言には扇動的であるとの批判も多い。しかし、難民問題に加えて、既存のイスラム系移民を多数抱えるEU諸国にとっては、文明のあり方そのものが四世紀以来の大きな変化を被る可能性は否定できない。

二〇五〇年には、イギリスやフランスなどの西欧諸国では、イスラム教徒の増加で、キリスト教徒の人口が半数を割り込むという予測もある。これからのEU、あるいはEU諸国の文明の行く末を考える際に、ローマ帝国末期の事情を知ることは無駄ではないだろう。

滅亡は難民問題から始まった

ローマ帝国の滅亡は、難民問題から始まった。ローマ帝国の国境の一つであったドナウ川の北方には、ゲルマン系のゴート族が広く居住していたが、ゴート族は三七〇年頃から遊牧騎馬民族フン族の攻撃を受け、一部は征服され、一部は征服を免れたものの、フン族の攻勢を支えることはできず、郷里を捨ててローマ帝国内への移住を求めてきた。三七六年夏のことである。時の皇帝ウァレンスは、ゴート族の求めに応じ、彼らを帝国領内に受け入れた。

ウァレンス帝には、折からの帝国の兵力不足を新来のゴート族で補おうという魂胆《こんたん》があった。現在のドイツが難民を受け入れた思惑に労働力の確保があったと指摘されていることが想起される。正確な数字は分からないが、こうして二〇万とも言われる膨大なゴート族がドナウ川を渡った。これがローマ帝国を滅ぼすことになる「ゲルマン民族の大移動」の始まりとなった事件であり、今日の言葉で言えば、難民、それも部族単位を維持した大量難民の到来に他ならなかった。当時のローマ帝国の人口は、五〇〇〇万から六〇〇〇万程度。EUの人口が二〇一五年で五億八二〇〇万人であるので、ゴート族のインパクトは現在のイスラム系難民の比ではなかったのである。

大規模な難民の受け入れは現代の国家をしても至難の業である。案の定、ローマ帝国政府によって杜撰《ずさん》な扱いを受けたゴート族は、翌年には蜂起《ほうき》し、バルカン半島を荒らし始めた。鎮圧に向かったウァレンス帝は、三七八年八月にアドリアノープル（現トルコのエディルネ）で、ゴート族と会戦し、戦死してしまうという事態に至った。

ローマ帝国には、ゴート族が大挙して押し寄せてくる以前から、移民として多くのゲルマン系の人々が入っており、特に軍内では高位高官に上る者も少なくなかった。しかし、アドリアノープルの戦いの後、帝国内では、こうした平和裏に移民として入ってきていたゲルマン系の人々をも排撃すべきであるという考えが広まっていく。京都大学の南川高志は、この現象を「排他的ローマ主義」と呼び、これがローマ帝国を滅ぼすことになったと主張している。

ウァレンス帝の後継者となったテオドシウス帝は、ゴート族と一進一退の戦いを長く続けたが、結局、ゴート族を帝国領外に追い出すことも、殲滅《せんめつ》することもできずに、三八二年には彼らにバルカン半島の土地を与えて、帝国内での居住を認めざるをえなくなった。ローマ側にとっては苦渋の選択によって、ゴート族の難民問題は一旦解決したかのように見え、実際ゴート族はテオドシウス帝一代の間は落ち着いていた。

しかし、テオドシウス帝が三九五年に没した後、帝国は東西に分裂。さらに東西帝国の対立が鮮明になると、この機に乗じて、ゴート族は再び動き始めた。ゴート族は、その矛先を脆弱《ぜいじゃく》な西ローマ帝国に向けた。なお、ここでのローマ帝国の滅亡とは、この西ローマ帝国の滅亡を指す。

領土を次々と奪われる

テオドシウス帝の跡を継ぎ、西ローマの皇帝となったホノリウスは幼少であったため、後見役の将軍であったスティリコがゴート族に対処した。スティリコの母親はローマ人であったが、父親はゲルマン系のヴァンダル族で、移民出身のローマ帝国の軍人であった。ゲルマン民族の移民の子孫がゲルマン民族の難民に立ち向かったのである。

ゴート族は、たびたびイタリアを脅かしたため、スティリコはイタリアの防衛を強化すべく、ローマ帝国のもう一つの国境であったライン川に配備されていた軍をイタリアへ移した。このスティリコの処置は、帝国にとって致命的な結果をもたらした。四〇六年の大晦日に、ヴァンダル、アラン、スエビの諸族が、手薄になっていたライン川の防衛線を突破したのである。ヴァンダル族らも背後でフン族の攻撃を受けていたのであり、彼らもまた難民であった。ヴァンダル族らは、ガリア（主に現フランス）を二年以上、荒らしまわり、四〇九年にはイベリア半島に入った。ヴァンダル族らに続いて、ブルグンド族やフランク族、さらにはアラマンニ族なども、ローマの国境が崩壊したのを目にし、徐々に帝国領内に進出し始めた。この間の四〇八年、スティリコは宮廷内の陰謀で殺害された。スティリコという重しのとれたゴート族は、その動きを一層活発にし、四一〇年にはついにローマ市を占領、略奪した。

結局、ローマ帝国は、これら大量の難民を「同盟部族」として帝国領内に受け入れることで、事態の最終的な解決を図った。「同盟部族」とは軍役を条件に、土地と部族の自治権を与えられて帝国領内に居住を認められた部族のことである。

例えば、ゴート族は、四一八年にガリア南西部のアクイタニア地方に土地を与えられ、同盟部族として定住した。一方で、ヴァンダル族のように、ヒスパニア（イベリア半島）から四二九年に北アフリカに渡り、同地を武力制圧した後、同盟部族と認めるよう帝国に迫り、不法占領を正当化させた場合もあった。北アフリカに渡ったヴァンダル族は、八万人であったと推計されている。

「同盟部族」という言葉は聞こえはいいかもしれないが、この立場になった部族は事実上、帝国から領土割譲を受けたに等しかった。その上、彼らが帝国に従順であったのはほんのわずかの期間でしかなく、ヴァンダル族はもちろんのこと、ゴート族もやがて居住を認められた領域を越えて、その勢力を拡大させていった。こうしてローマ帝国は、その領土を「同盟部族」となったゲルマン系の難民部族に次々と奪われていったのである。テオドシウス帝の子孫の王朝は、四五五年に滅びたが、この段階でローマ帝国はその領土のほとんどを失っており、イタリアの地方政権と化していた。

そして、風前の灯火のようになっていたローマ帝国は、最後の皇帝ロムルスがゲルマン人の傭兵隊長オドアケルによって廃位されたことで、四七六年に滅んだ。奇《く》しくも、ゴート族の難民がドナウ川を渡って、ちょうど一〇〇年目のことであった。

興味深いのはこの一〇〇年間、ローマ帝国の中央政府はほとんど無力であったが、ガリアやブリタンニアといった地方は中央から分離独立していく傾向を示さなかったことである。仮にEUが崩壊するとすれば、加盟国の漸次《ぜんじ》離脱という形で起こり、元の国民国家の分立状態に戻ることになるだろう。これと比較して考えるならば、ローマ帝国の地方には、独立の核となる、戻るべき帝国以前の国家のようなものがそもそも存在しなかったのである。

一方で、排外主義の広まりにもかかわらず、帝国民のローマ帝国への愛国心も強くはなかった。反ゲルマンを掲げて、ローマのために積極的に抵抗するような勢力もみられなかったのである。

貧富の差と文明の亀裂

ローマ帝国の滅亡過程を以上のように見てくるならば、そこに大きな謎はない。にもかかわらず、ローマはなぜ滅んだのか、と繰り返し問われて来た。その最大の理由はローマ帝国の滅亡が単なる一帝国の滅亡にとどまらず、帝国という政治組織とともに、ローマの文明そのものも同時に崩壊してしまったからであろう。ここでいうローマの文明とは、都市生活であり、都市生活を支えた上下水道や公共浴場などのインフラであり、貨幣経済であり、高度な識字率などであるが、ローマ帝国の滅亡後、これらの全てが西ヨーロッパでは急速に姿を消し、ブリテン島などの一部地域では、社会は帝国以前の先史時代の状態近くにまで逆戻りしてしまったのである。

では、なぜ帝国のみならず、ローマ文明までが滅んだのであろうか。この原因をゲルマン民族の破壊行為に帰するだけでは、十分な説明にはならない。

過去を振り返って見るならば、実はローマが万単位の外来部族を受け入れたのは四世紀の後半が初めてではなかった。それは帝国の初期以来、幾度も繰り返されて来たことであった。問題は、ゲルマン民族を吸収、同化できなかった当時のローマの文明にもあったのである。

このことは中国の歴史と比較してみると鮮明になる。ユーラシア大陸のもう一方の端にあった中国も四世紀以後、ローマ帝国と同じく北方からの民族移動の波を受け、五胡十六国時代と呼ばれる時代を迎えた。しかし、中国では、ローマ帝国の場合と異なり、混乱の中でもその文明が滅びることはなかった。むしろ、移住してきた異民族は中国化し、文明の継承者となっていったのである。

東洋史家の川勝義雄は、中国文明の強靱《きょうじん》さの秘密を、これを担った文人貴族である支配者層が民衆の大多数に支持されていたことに求めた（『魏晋南北朝』講談社学術文庫）。文明が上下を問わず住民全体によって支持されている状態にあったため、異民族も中国化しなければ、統治がままならなかったのである。

このような中国史の事例をヒントに考えるならば、ローマ帝国では、ゲルマン民族が四世紀後半に入って来た時に、その文明が住民全体によって支持されていなかったのではないか、との推測が成り立つ。

ローマ文明の主たる担い手は、都市の支配者層であった。ローマ帝国の最高の支配者層は元老院議員の身分に属していた人たちであったが、彼らもまた本をただせば都市の支配者に他ならなかった。

都市の支配者層というのは、実態は富裕者層であり、彼らは自らのポケットマネーで、自身の出身都市に公共建造物を寄贈し、上下水道などのインフラを整備し、金品、あるいは剣闘士競技を提供する独特の慣習を有していた。このような慣習を、現代の学者はエヴェルジェティズム（施与《せよ》行為）と呼んでいる。このエヴェルジェティズムは当時、名士たる都市の富裕者層の義務であるともみなされていた。そして、民衆はこれを享受することが出来る限り、彼ら富裕者層を自らの支配者と認め、その文明を支持してきたのである。

ところが三世紀末頃から、都市の富裕者層はエヴェルジェティズムを止めてしまう。ノブレス・オブリージュが放棄されたのである。その原因は定かではないが、これによって支配者である富裕者層と民衆との間に亀裂が入ったことは疑いない。

この亀裂を一層深めたのは、当時、深刻になりつつあった貧富の差の拡大であった。都市の富裕者層の代表である元老院議員は、四世紀には以前にも増して巨大な富を蓄積するようになっており、その一方で民衆は貧困化していたのである。

ローマ帝国では、三世紀末以後、軍事費を始めとする国家予算が著しく膨張したため、租税負担は重くなっており、これを回避するすべを持つ富裕者層はいよいよ富み、そうでない者は貧困になっていた。住民の二極分化に直面していたローマ帝国の文明は、四世紀には中国とは異なり、住民全体でその価値が共有され支えられる状態ではなくなっていたと言えるだろう。弱体化していたローマ文明は、新来のゲルマン民族を吸収、同化する力をもはやもたなかったのであり、ゲルマン民族の側としても、積極的に同化する必要を感じなかったのである。

歴史を振り返ってみれば、文明というものは、常に少数の支配者層のものであった。この傾向は時代が古くなればなるだけ甚《はなは》だしくなる。しかし、いつの時代においても彼らによってのみ、その文明が支えられているのではない。民衆の大多数がその価値を認め、支持するからこそ文明は存続するのである。

逆に言えば、支配者層と民衆の間に亀裂が入り、文明が民衆の大多数に支持されなくなると、文明は弱体化する。そして、弱体化した文明には、新来の異文化を持った集団を大量に同化する力は残されておらず、滅びることになるのである。

井上文則（いのうえ　ふみのり）　１９７３年京都府生まれ。京都大学大学院文学研究科博士後期課程修了。著書に『軍人皇帝のローマ　変貌する元老院と帝国の衰亡』、『軍人皇帝時代の研究　ローマ帝国の変容』、『天を相手にする　評伝　宮崎市定』など。

第二章　中世・近世

預言者ムハンマドのリーダーシップ

山内昌之（武蔵野大学特任教授・東京大学名誉教授）

ムハンマドは、唯一神アッラーから啓示を受けた預言者（使徒）である。それは、やがて宗教の開祖者とされるに至ったキリスト教のイエスや、仏教の釈迦とは異なる存在である。違いはそれだけではない。実在した歴史的人物として三人はいずれも傑出した宗教リーダーであったが、ムハンマドだけは信仰や社会や政治が一体となった共同体（ウンマ）の最高指導者でもあったからだ。

ムハンマドは、『クルアーン』の啓示のうちほぼ六割をメッカで受けている。しかし、イスラームと呼ばれることになる信仰が現在のように世界宗教に成長したのは、メッカでなく西暦六二二年にヒジュラ（聖遷）で移ったメディナ以降のことである。

ムハンマドはメディナにおいて、イスラームでいう最後にして最大の預言者として、単に信仰者の精神を支えるだけでなかった。彼は、膨張した信徒の共同体の経営、メッカのクライシュ族のように外から信仰を脅かす敵、共同体内部で起きる窃盗や姦通や遺産相続をめぐる紛争などにも、適切な対応を迫られた。メディナにおけるムハンマドは、さながら宗教者に留まらない役割を果たすことになる。

そして、この点こそ彼をイエスや釈迦のような他の宗教リーダーから際立たせる結果にもなった。まさに、「ムハンマドのなかにあった多様な能力が突如として、統治、軍事、立法、司法、行政、調停、外交などの諸分野で、次々と開花していくことになった」（小杉泰『ムハンマド』山川出版社）。

そこでムハンマドの多面的な才能と多元的な役割のいずれの角度から考えるかによって、ムハンマドの個性ひいてはイスラームの性格を解釈する道筋が変わってくる。

人びとは、宗教者ムハンマドの人間的な柔軟性から見ると、イスラームが歴史的に無条件で平和の信仰だったと考えがちである。

他方、素人でありながら先天的感性と努力によって軍事リーダーともなったムハンマドは、米国のリンカーン大統領のように、軍の最高指導者としても卓越した才能を発揮した。この政治的軍人という側面に引きずられると、ムハンマドの言行は異教徒に対する戦争や殺害や処刑といった面だけで説明されがちになる。イスラーム国（ＩＳ）などの極端な議論は、こうしたミリタントな側面を強調しすぎるのである。

しかし、ムハンマドが啓示を受けた七世紀のアラビア半島、なかでもメッカやメディナでは商取引や遺産相続や女性の権利侵害といった面で多くの不正が蔓延しており、部族間の不和や武力衝突によって寄る辺のない寡婦や孤児が生み出されていた。

ムハンマドはこうした社会的な不正義や不公正に異議を申し立てるだけでなく、その積極的な解決者となるべく神から啓示を受けたのである。その意味では、権威を確立したムハンマドがまず優先したのは、新しく社会の法を制定し、個別の事件に裁定を下す作業であった。彼は、人間が法を作り出す人定法や実定法と異なり、神の啓示に基づく法という意味で「神定法」や「天啓法」を世にあまねく施行する使命感を帯びていたともいえよう。イスラームが信仰と政治を一体化させたウンマを成立させ発展させた最大の功労者は、ムハンマドなのである。

遺産相続や窃盗など民法や刑法の一部手続きについては、『クルアーン』も詳しく規定している。しかし、メディナに加えて発生地メッカからも多数の改宗者が出ると、個別の問題について法的にどう処理すべきかという問題が起こる。それを解決できるのは、神の預言者たるムハンマドの裁定以外にありえなかった。

慈悲深い宗教者、前向きな政治家

ムハンマドの言行録ともいうべき『ハディース――イスラーム伝承集成』（牧野信也訳、上中下、中央公論新社）のなかには、下巻の「刑罰」の章に彼の下した裁定が重複を交えながら載せられている（以下の漢数字は章と節を示す）。

或る男が預言者のところにやってきて、こともあろうに姦通を告白した時の事例は興味深い。

メディナのムハンマドは家族を社会つまりウンマの基盤と考え、その前提として婚姻を重要と考えた。ムハンマドにとって、神の啓示を受ける前の時代、アラビア半島の性道徳は紊乱しており、婚姻の慣習も男の恣意を赦すものだったようである。幸福な家庭の維持を信仰の理想と考えたムハンマドにとって、姦通ほど忌まわしい罪はなかった。

しかしムハンマドは、姦通を自白した件の男に対して不思議な態度に出ている。それは、預言者が顔をそらしたことである。おそらく、聞きたくない話題だと察知して聞かないふりをしたのだろう。ところが、この男はよほど自分の罪を告白したかったのか、性格的にしつこかったのか、いずれかだったらしい。ムハンマドの前でわざわざ姦通したという言葉を四回繰り返し、それが偽りでないことを四回証言した。これで発言が信憑性を帯びるようになると、ムハンマドはもはや無視できなくなる。

そこで預言者は「お前は気違いか」と尋ねると、男は否定した。「では、お前は結婚しているか」と尋ねると、「はい」と答えた。そこでようやくムハンマドは、男を連れて行き石打ちにせよと命じた、というのだ（刑罰二二の一、二五の一、二九の一）。いざ石打ちになると男は逃げたが、間もなく追いつめられて死んだ。預言者は彼のために善かれと祈ったという伝承もある。

ややニュアンスの違う伝承も残っている。ムハンマドが顔をそらすと、なおも男は「その方へ回って」、また姦通したと言ったので、預言者はさらに顔をそらしたというのだ。この男は、預言者の配慮を無視するかのように、また彼の方へ回って、それが本当だと四回も繰り返し証言した。そしてムハンマドは、「気違いか」と問い、結婚の有無を尋ねた上で石打ちにするように命じたというのである（刑罰二九の一）。

この話で分かるのは、ムハンマドは罪にあたる行為を自分から根ほり葉ほり聞いて罰を科すといった法匪めいた性格から遠いことである。あえて言えば、自然体のムハンマドには、宗教者として欠かせない慈悲深さと、政治家に必須の前向きで物を考える習性がバランスよく共存していた形跡があるのだ。

酒を飲んだ者に呪いの言葉をかけようとした信徒にも、「そのようなことを言うな。彼に対してシャイターンをけしかけてはならない」と命じたのもその一例である（刑罰四の三、五の二）。シャイターンとは神の被造物たる悪魔を意味する。預言者は「彼を呪ってはならない。彼はアッラーと使徒を愛しているのだから」と述べたともいう（刑罰五の二）。

最愛最年少の妻でムハンマドの最期を看取ったアーイシャによると、ムハンマドは二つのいずれかを選ぶとき、「罪でない限り、易しい方を選んだが、それが罪であるときは、最も遠く離れた」というのだ（刑罰一〇の一）。これは、係争やいさかいの解決に際して、できるだけ常識的で厳しくない解釈を選んだという意味であろう。罪に当たるときも、その告白や発言をできるだけ聞かないふりをし、見ないように心掛けたと思われる。しつこく自分のほうから罪を告白する男の相手になると、預言者自ら自白を聞いたという形になる以上、厳しい罰を科さざるをえない。実際、相応の場合には、厳しい罰を科したのである。それ以外の場合には、彼は寛大だったのである。

罰が免除されるには

彼には宗教者らしい振舞いに関する逸話がいくつも知られている。或る時、一人の男がやってきて、自分の過失を告白し罰を乞うと、ムハンマドは男に何も尋ねなかった。やがて礼拝の時刻になると、男もムハンマドと一緒に礼拝し、それが終わると過ちについて「神の書」に従って罰するように求めた。神の書とは『クルアーン』のことであろう。ここで面白いのは、男がいかなる罪を犯したのか触れていないことだ。ムハンマドは、お前は我々と一緒に祈ったではないかと言うと、その男も「はい」と答えた。そのとき預言者は、「アッラーはすでにお前の過ちを赦された」と述べた。「お前の罰を免除された」という表現の伝承もある（刑罰二七の一）。

罰に当たらない軽い過ちを犯した場合、それをイマーム（宗教指導者）に告げ、意見を求める者は、悔い改めるならば罰されないというのもムハンマドの考えであった。実際に、彼はそうした人を罰しなかった。ラマダーン月に妻と交わるのは違法とされるが、そうした男についても罰しなかったという伝承も伝わっている。この男が性交の事実をあえて告げると、ムハンマドは奴隷所有の有無や、二か月の断食を決心できるか、と尋ねた。財産も乏しく意志力も欠如していることを見てとると、それでは六〇人の貧者に食べ物を与えよと命じたという（刑罰二六の一）。誰もが豊かな有産者であるはずもない。また、意志強固な人物でない場合も多い。そうした人物に可能な贖いは何かを、わかりやすく示しているのだ。

アーイシャの伝える逸話ではややニュアンスは違っている。ムハンマドが男に喜捨をせよと命じると、自分には何もないと答えた。すると、ムハンマドは食糧を積んだロバがきたので、これを使って施せと述べた。すると男は、自分の家族には食べるものが何もないと語ったところ、「では、これを食べなさい」と命じたというのだ（刑罰二六の二）。

この話は、ムハンマドが食糧を男に喜捨したことを示唆する。彼は自分の財産を少しも失わずに、ムハンマドにすがって罪を贖ったのである。それにしても、預言者の寛大さにちゃっかり便乗して、家族のために食糧を分け与えてもらったというのは聊か小狡い感じがしなくもない。しかし、そうした小人の心性をいちいち詮索しない大きさがムハンマドの預言者たる所以であろう。この有様を近くからつぶさに見ていた人物たちは、この男の所行をありのままに記録したことで、かえってムハンマドの器量の大きさを浮かび上がらせることに成功したといえよう。

姦通（ズィナー）の罪の重さ

疑わしきは罰せずという法の大原則がある。ムハンマドの場合も同じである。彼は疑わしい場合でも、あえて事を荒立てず、幸せな家庭や円満な夫婦の間に波風を立てることを好まなかったようである。男女間、夫婦間のことは、幸福な状態を維持しようとすれば詮索せずともよいという寛仁大度ぶりを発揮することもあった。

あるベドウィンがムハンマドのもとにやって来て、問答を交わしたときの様子はまことに興味深い。

〈「わたしの妻は黒い子を生みました」
「お前は駱駝をもっているだろう」
「はい」
「その色は何だ」
「赤茶色です」
「灰色のもいるか」
「はい」
「どうしてそうなったのか」
「灰色の祖先のためと思われます」
「では、おそらくお前の息子も祖先のせいであろう」〉（刑罰四一の一）

何という機智に富んだ鷹揚な解決策というべきであろうか。

ムハンマドの有名な発言に「子供は寝床の主《ぬし》に属す」というものがある。この逸話はまさに、生まれた子供は、子を産んだ妻の法的に正当な夫に属するといいたいのだろう。ただし、ここでムハンマドは、有名な言葉を付け加えた。「姦通を犯した者には石打ちの刑」と。すなわち、「子供は寝床の主に属し、姦通を犯した者は石打ちにされる」というのである（刑罰二三の一、二）。

このように、概して民法と刑法の双方において寛大かつ温雅であろうとした預言者ムハンマドにも、許せない罪の筆頭に来るのが姦通だったのである。

イスラームでは、合法的婚姻関係以外で性的交渉をもつのはすべて姦通とされる。婚姻をしているムスリムは男女問わずに、石打ちの刑となる。未婚者の場合は、一〇〇回の鞭打ちと一年間の追放である。鞭打ちは『クルアーン』に条文があり、他は『ハディース』に根拠があることを以下で触れてみよう。

イスラームで禁忌とされる姦通は、偶像崇拝や、生あるものを殺すことに並ぶ重罪であった。『クルアーン』でも、姦通については、「これは実にいまわしいこと、なんと悪い道であることか」（一七の三四）と厳しくたしなめている。ムハンマドはもっと具体的に、いちばん重い罪として、偶像崇拝、子殺し、隣人の妻との姦通を挙げたとも伝えられる（刑罰二〇の四）。

彼は、最後の時が来るか、あるいはその前触れが来るとき、「知識が廃れて無知がはびこり、人は酒を飲み、姦通を犯し、男が減って女が殖え、一人の男に五十人の女が従うようになる」と述べている（刑罰二〇の一）。人がまじめな信仰者でなくなるのは、姦通するとき、盗むとき、酒を飲むとき、殺すときだと明言もしている（刑罰二〇の二）のだから、現代の欧米や日本の法感覚からすれば随分と性行為に厳格だったといえよう。

その分だけ姦通罪については、手続きと判断をきちんと厳密に進めようと努めている。『ハディース』は、AとBという二人の男が預言者と相談するために来たときの逸事について触れている。話はこうだ。

Aの息子Cは、相談に来たもう一人のBに雇われていた。それなのに、Bの妻Dと姦通してしまった。そこでAは息子Cの過ちを、羊一〇〇匹と奴隷一人の譲渡で贖った。しかし、或る学者に相談すると、その言うところでは、Cは鞭打ち一〇〇回と一年間追放、Dは石打ちの刑を受けるのが相当だと言われた。どうしたものかとムハンマドに相談した上で、裁定するように求めたというわけである。ムハンマドの判断は迷いのないほど果断であった。

羊と奴隷はAに返されるが、Cは鞭打ち一〇〇回と一年間の追放が相当である、と。そして、Dが白状するなら、彼女は石打ちになるべきだと裁定した。Dは自ら姦通を認めたので石打ちになった（刑罰三〇の一、三八の一）。学者の解釈は預言者の裁定とぴったり合致したわけである。

姦通罪の成立には、動かぬ証拠や真正の証言が必要不可欠となる。結婚している男あるいは女は、姦通の証拠が挙げられるか、妊娠の事実が明るみに出るか、または自白した場合には罰が科せられる（刑罰三一の一）。姦通した未婚の者が鞭打ちと追放の刑を受けたのは上述の通りであるが、姦通した男は、姦通した女か偶像崇拝の女以外娶ってはならない。姦通した女も同じである。ここでは、姦通した未婚者は入籍して互いにきちんと責任をとればよいとも読めるのである。未婚者の性交は命懸けという説明も一部にあるかもしれないが、ムハンマドが二人の結婚をむしろ認めたのはヒューマニティの発露といえるかもしれない。もちろん、この種の相手との結婚は信仰者には禁止されているにせよ、である（刑罰三二）。

時には苛烈な裁きが

偶像崇拝に準じる厳しさは、不信仰者と背教者に適用される。この点についてムハンマドの解釈は容赦なく苛烈きわまりない。そもそも『クルアーン』には、こう規定されている。

〈アッラーとその使徒に戦をいどみ、地上に頽廃を播き散らして歩く者どもの受ける罰としては、殺されるか、磔にされるか、手と足を反対側から切り落とされるか、さもなければ国外に追放されるほかはない……〉(五の三七)

ウクル族が預言者のもとにやってきてイスラームに改宗し、メディナのモスクの回廊に住み病気になったときの話は示唆に富んでいる。ムハンマドは、喜捨の駱駝を連れてこさせ、その尿や乳を彼らに飲ませるように命じた。しかし彼らは肥えて健康を回復すると、イスラームを棄教し、駱駝飼いを殺し、駱駝を奪い去って遁走したのである。そこで追っ手が遣わされたのは当然であろう。天網恢恢疎にして漏らさず、というべきであり、昼にならないうちに彼らは捕捉されて連れ戻された。そのとき、預言者は、釘を真っ赤に熱して、それで彼らの目をつぶすように命じた。そして、彼らの手と足を切り落とさせ、血を止めるための焼灼《しょうしゃく》もさせなかった。そのあとで彼らは溶岩台地に放り出されて水を求めたが、与えられずに死んだという（刑罰一七の一。他に、刑罰一五の一、一六の一、一八の一）。あるいは、ウライナ族の事例ともいわれるこの伝承によれば、失明した彼らが渇きのために水を求めても与えなかったという苛烈さは、棄教と殺人と窃盗が忘恩と相まった場合のムハンマドの容赦ない対応ぶりを示している。ここでは宗教的使命感が革新的政治家の妥協なき判断に乗り移って怒りが倍加した感もある。

しかし、こうした苛烈な行為であっても、同時代のムスリムは後世の人間と同様に、ムハンマドが自分個人のために復讐したとは決して考えなかった。アッラーの禁忌が犯されたときのみ、神のために復讐した典型例としてこの伝承が生き延びたのであろう（刑罰一〇の一）。

法の前の平等

法の解釈や執行に当たって、ムハンマドは法の前の平等という重要な原則を曲げなかった。彼が、身分の差や貴卑の如何にかかわらず、法の前では人を差別せずに同じように接したことは特筆されるべきだろう。

クライシュ族という預言者も属する名門に属する女が盗みをはたらいたときに、彼女の一族は困惑した。かつてイスラームが誕生する前のメッカやメディナでは当然だったように、預言者ムハンマドにとりなしを頼んだ。

しかし、彼は部族の利益代弁者でもなければ、地域利害の代表者でもなかった。ムハンマドによれば、過去の者たちは卑しい者に罰を科し、貴い者を見逃す行為をあえてしたために亡びたと断定する。ここでムハンマドは決然と断じたのである。「ファーティマがそれを行ったとしても、彼女の手を切るであろうに」（刑罰一一の二）と。ファーティマとは愛娘のことであり、四代目カリフ（シーア派では初代イマーム）のアリーに嫁した女性である。

窃盗（サリカ）はイスラームでは罰が重い。刑が固定（ハッド）されているから、初犯では右手首、再犯では左足首、三犯で左手首、四犯で右足首が切断されることになっていた。もっとも、二回の自白も刑執行までに撤回することもできるし、裁判官に起訴される前に被害者が犯人を赦すこともできる。このあたりに示談の余地を残しているのだ。これはイスラームとムハンマドの柔軟性や弾力性が発揮される根拠にもなっている。

ムハンマドがアッラーの定めた罰のことでとりなすのかと有力者たちに説教し、貴卑を差別したから「道を誤った」とする裁定は（刑罰一二の一）、さすがに宗教から調停、司法から行政にいたるすべての領域でまずは無理のない裁量権を発揮した人物だけのことはあるのではないか。

ムハンマドは、現代的な意味でも相当にバランス感覚に富む人物だったといえないだろうか。

山内昌之（やまうち　まさゆき）１９４７年北海道生まれ、東京大学学術博士。２０１２年東京大学教授を退官し、現職。『歴史という武器』、『民族と国家』、『中東国際関係史研究　トルコ革命とソビエト・ロシア１９１８−１９２３』など著書多数。

中世グローバル経済をつくったのは遊牧民とムスリム商人

宮崎正勝（歴史家）

グローバル経済が浸透する中で世界史も、民族や国家によって地域を細分する方向から、地球規模で人類史を鳥瞰する方向に姿を変えている。世界史の内容と、世界の現状とのギャップが拡がり、世界史の有用性が問われているからである。

鳥瞰的に世界史を考える際に着目されるのが、農耕空間を結びつける、ラクダを使う砂漠の商人、馬を操る草原の遊牧民、船で航路を拓く海洋民の空間形成能力である。砂漠の商人、草原の遊牧民、海の商人という広域ネットワークを織り上げる人々の活動を組み込むことで、世界史は大空間の歴史に変身する。

広域ネットワークというと、「大航海時代」ばかりが目につきやすいが、世界史で、先駆的にそれを作り上げたのが、ムスリム商人と遊牧民である。彼らがユーラシア全体のネットワークの中核部分を作り、その成長を通じてユーラシアの歴史が展開していった。

本稿ではムスリム商人が成長させたネットワークを中心に世界史を見ていきたい。

まず、そのためにイスラーム教が誕生する地域の歴史を概観しておこう。

世界史の起点はシリアと東地中海

南北七〇〇〇キロに及ぶ東アフリカの大地溝帯が人類進化の空間だったことは、定説化している。気候変動と地殻変動により十万年前頃から現生人類の大地溝帯からの波状的な移住が進み、その多くが、北の出口である歴史的シリア（現在のシリア、ヨルダン、レバノン、パレスチナ）周辺の乾燥地帯（レバント回廊）に滞留した。

激しい渇きに追い詰められた人類は、その地で乾燥に強い野生のムギと出合った。やがてメソポタミア、エジプト、インダスの大河流域に灌漑インフラの整備による人口稠密な農耕空間が形成される。他方、農耕社会から派生した牧畜社会は砂漠周辺や草原で馬、ラクダを使う遊牧へと成長を遂げる。ムギに依存する「南」と馬に依存する「北」の分離、つまり経済と軍事の分裂が、世界史のダイナミズムを生み出していくことになる。

農耕民と牧畜民の混在、乾燥による生活物資の欠乏が北アフリカ、西アジアから中央アジアに至る地域のもう一つの側面であり、広域商業の基盤になった。ラクダ、馬、船への依存度が高かったのである。

そうした大乾燥地帯の商業センターが、ラクダによる砂漠の交易の中心地シリア（ダマスクスがセンター）、ナイル川のネットワークとつながる東地中海（レバノンのシドン、ティルスなどがセンター）だった。生活の場がずっと小規模な世界史の初期段階では、シリア、東地中海が想像以上の存在だったのである。

世界人口のほぼ五割五分を占めるキリスト教、イスラーム教が、シリア地方のユダヤ教に起源を持ち、西アジア、中央アジアの諸文字の起源がシリア、ヨーロッパの諸文字の起源が東地中海であることも、そうした事実の説明材料になる。

世界史を代表する巨大帝国のローマ帝国、イスラーム帝国、モンゴル帝国のうちの前二者はシリア、東地中海と深くかかわっている。地中海の東西横断航路を開拓して大空間を拓いたフェニキア人は東地中海の「雑貨商」であり、レバノンのティルスが最大の港だった。ペルシア帝国を倒したアレクサンドロス三世（大王）が東征の途上でティルスを徹底的に破壊したことでフェニキアは没落。新たにギリシア人の商業拠点が、エジプトのアレクサンドリアに築かれ、覇権が移った。その後、ローマ軍がポエニ戦争でフェニキア人の西地中海支配の拠点だったティルスの植民市カルタゴを徹底的に破壊したことが、海洋帝国ローマの形成を準備した。

七世紀になると、イスラーム教団がアラビア半島の遊牧民を組織し、ムハンマドの死後の混乱を乗り越えるためにシリアのダマスクスを攻略する。砂漠の商業ネットワークの末端に組み込まれたムスリム商人が、砂漠商業のセンターをビザンツ帝国から奪ったのである。それが、イスラーム帝国形成の起点になった。

二つの帝国の成立は七〇〇年以上も隔たっており、海洋帝国、砂漠を媒体とする商業帝国の違いはあるが、ルーツになる空間は同一だったのである。連動する砂漠のネットワークと東地中海のネットワークに着目すると、グローバルな初期世界史のイメージが浮かび上がってくる。

現在の世界史は、農耕地帯を中心に組み立てられている。しかし、世界史空間を拡大させる原動力になったのは、先に述べたように大規模ネットワークを作り易い砂漠、草原、大洋（オーシャン）だった。一番解り易いのが、大航海時代であろう。地表の七割を占める海洋の約九割は、大洋である。大航海時代は、ユーラシアの陸の世界史（「小さな世界史」）から三つの大洋が五大陸を結ぶ世界史（「大きな世界史」）への転換をもたらした。ヨーロッパが勢力を拡大したのも、「大きな世界」の形成と深くかかわっている。

砂漠、草原、大洋

しかし「大きな世界」の形成以前にも、「陸の海」の砂漠・草原を中心とする空間拡大の動きがあった。「砂漠の船」はラクダ、「草原の船」は馬である。

七世紀から一四世紀にかけて、「陸の海」を舞台にユーラシア空間の形成を演出した勢力こそが、冒頭でも述べたようなムスリム商人と遊牧民である。ユーラシアの空間形成の第一段階は、砂漠周辺の遊牧民、ラクダを使うムスリム商人に主導された。都市と都市をつなぐネットワークが大きく統合・再編されたが、それが生み出されたのは、自分たちでは農産物を作れない遊牧民とムスリム商人が、定住する農耕民を軍事的に制圧し、永続的に支配下に置くためであった。一度、システムができてしまうと、次なる問題は、そのシステムの根幹となる軍事と商業を誰が支配するかになる。その興亡が七世紀のウマイヤ朝から一一世紀のセルジューク朝に至る歴史になる。第二段階は中央アジアの騎馬遊牧民トルコ人が打ち立てたセルジューク朝から始まる。西アジアから「ユーラシアの背骨」ともいうべき中央アジアの草原に空間形成の中心が移ったことで、ユーラシア帝国（ネットワーク帝国）の出現が可能になった。

二段階からなる一連の空間拡大の動きのそれぞれの起点となるのが、格差の拡大を背景とするイスラーム教のスンナ派とシーア派の宗派抗争だった。

ムハンマドの後継者たちによる大征服運動で支配地が拡大し富裕な部族が勢力を伸ばすと、神の前に信徒は平等であるとする教義が揺らぎ、有力部族の連合勢力と教団の純化を図る勢力の間に対立が広がった。現在でも各地でくりかえされている、理想と現実の背離、利益を争う権力闘争と事情は同じである。

教団の純化を実現しようとした第四代カリフのアリーは最大豪族のウマイヤ家との争いの最中に暗殺され、アリーの支持者はシーア派を結成。ウマイヤ家は教団を豪族の連合体に変質させ、支配地のシリアのダマスクスを都としてウマイヤ朝を組織。砂漠と地中海の商業ネットワークを支配した。

それに対して不満を募らせたシーア派、イラン人の蜂起が広がり、ウマイヤ朝は倒壊。七五〇年、アッバース家（ムハンマドの叔父の一族）が、アッバース朝を建てた。

アラブ人の間に十分な権力基盤を持たないアッバース家はイラン人の軍事力に依存するしかなく、現在のイラクに円形の城砦を築き新都とした。後に人口一五〇万人を数えるに至るバグダードである。簡単に言えばイスラーム帝国のセンターがシリアからイラン高原寄りに少しずれたのだが、それが一挙に商業圏を膨張させた。

ペルシア湾を起点にしてインド洋、南シナ海を結ぶ「海の道」、イラン高原の北のソグド地方を中心とする「シルクロード」、中央アジアの「草原の道」との結びつきが強まり、在来の「地中海と西アジアの商業圏」が、ユーラシア商業圏に変わったのである。

帝国を乗っ取ったトルコ人

格差の拡大は世の常だが、それが繰り返し世界史に変動を起こしてきた。アッバース朝でも一〇世紀になると、社会格差を背景にシーア派の動きが活発になる。エジプトにファーティマ（ムハンマドの娘の名）朝が建てられ、シーア派イラン人のブワイフ朝がバグダードを占領。カリフを傀儡として実権を握った。アラブ人支配が、空洞化する。

そうした中で、アッバース朝のカリフは中央アジアのスンナ派の遊牧トルコ人青年七〇〇〇人をマムルーク（軍事奴隷、傭兵）としてシルクロード商人から買い集め、近衛軍を強化して勢力の維持を図った。

しかし、歴史は決して思惑通りには動かないものである。トルコ人に弱体化を見透かされたイスラーム帝国の支配権は一一世紀にトルコ人のセルジューク部族に奪われ、トルコ人の帝国に変身。草原からのトルコ人の南下が恒常化する。トルコ人の一部は隣のビザンツ帝国にも進出し、十字軍を誘発した。部族の勢力が強い西アジアでは軍事力により、商業ネットワークと定住農耕民の支配者が入れ替わる。つまり、①シリアを中心とするアラブ人のウマイヤ朝、②イラクを中心とするアッバース朝、③トルコ人が支配権を握るセルジューク朝というようにイスラーム帝国の実権が移動したのである。トルコ人がイスラーム帝国の実権を奪ったことで、大空間の主導勢力が、砂漠の遊牧民、商人から草原の騎馬遊牧民に移る。

西のトルコ人、東のモンゴル人が棲み分ける東西八〇〇〇キロの大草原は、南の西アジア、インド、東アジアの大農耕地帯と北の森林地帯（ロシア）を結びつける戦略的大空間である。そこにユーラシアの空間形成の中心が移動したことで、ユーラシア規模の大帝国が出現する条件が整った。

海のヨーロッパとアジアの陸の帝国

トルコ人はイスラーム帝国を乗っ取ったものの、広域統治の経験が乏しく、権力争いと分裂が相次いで、安定した帝国を形成するには至らなかった。

他方東アジアでは、宋代に江南の米作地帯に中心が移り、唐代の安史の乱以後、各地で勢力をほしいままにした地方軍閥（節度使）を無力化するために軍が首都に集中されたことで国境防備が弱体化し、遊牧民の南下の条件が整っていた。

一二〇六年に戦闘を積み重ねてモンゴル高原の覇者となり、強力な騎馬軍団をつくりあげたチンギス・ハーンは、やがて商業圏を拡大したムスリム商人との結び付きを強める。チンギスは、西アジアのトルコ人の新興ホラズム朝と中央アジアの商業支配の分割を策すが失敗。軍事征服に転じたチンギスは、ホラズム朝を攻略。「西域」の商業国家、西夏を倒し、中央アジアの商業地帯の統合に成功した。チンギスの生涯はそこで終わるが、後継者たちがロシア、アッバース朝、金・南宋の征服に成功して、イスラーム世界、中華世界の二大農耕空間とロシアをモンゴル部族が連合して支配するに至った。それが、モンゴル帝国ということになる。このように鳥瞰的に見ていくと、イスラーム帝国の形成、アッバース朝の下でのユーラシア商圏の成長、トルコ人によるイスラーム帝国の支配権の奪取、モンゴル帝国の形成が、一連の空間拡大の過程としてつながることになる。

フビライの下で、中国支配の拠点として建設された大都（現在の北京）とイル・ハーン国の新都タブリーズを中心に「草原の道」と「海の道」が統合され、モンゴル帝国領が一つの商業圏として連動するようになる（ユーラシアの円環ネットワーク）。

モンゴル帝国が崩壊するとユーラシアは複数の帝国に再編されるが、遊牧民が支配する大空間であることには変わりがなかった。一八世紀後半は、大航海時代の唯一の遺産相続人となった海洋国イギリスの台頭が目立ったが、アジアでは、トルコ人が支配するオスマン帝国とトルコ人を中心とする外部勢力が征服したムガル帝国、満州の遊牧系女真人が支配する清帝国、北のロシア帝国が大空間の支配を分け合った。ロシアの主力軍はトルコ系遊牧民の流れを汲む四十余万のコサック軍だったので、ロシアも遊牧勢力とは無縁でなかった。

必然的に一九世紀になると、イギリスを先頭とする海のヨーロッパと遊牧民が支配するアジアの陸の帝国が争うことになる。結果として、陸の諸帝国は新興勢力の海の帝国に屈し、ユーラシア全体が、「海の世界」に組み込まれていく。

教科書に記述されるように、歴史はリセット、リセットで変わっていくのではない。むしろウィスキーの宣伝コピーにあるように「積み重なっていくもの」である。故に古い意識、システムによる巻き返しは常に起こり得る現象である。リーマン・ショックの後遺症が未だ克服されず欧米勢力の相対的後退が進む現在は、「歴史の復権の時代」になる。

中国の国家主席習近平は、二〇一四年一一月に中国で開催されたアジア太平洋経済協力

（APEC）首脳会議で、ロッテルダムに至るシルクロード経済ベルト（一帯）に高速鉄道を建設し、他方で海上シルクロード（一路）の交易インフラを整備して貿易を促進するという「一帯一路」政策を積極的にアピールした。社会主義市場経済に行き詰まった中国の、資源と市場の確保、余剰物資と労働力の活用、中国経済圏の形成などが狙いであることは見え見えだが、世界史的には中華思想によるモンゴル帝国の円環ネットワークの下での経済覇権の組み替えである。

西アジアでは、アサド政権が支配を放棄したシリア北部の「空白地帯」とイラクの少数派のスンナ派が居住するイラク中央部、クルド人が居住する北部に勢力を伸ばしたISは、かつてのイスラーム帝国の大領域の再現をアピールしていた。これらの動きは、大西洋から勃興した世界資本主義、国民国家体制が衰弱するなかでの、ユーラシアの伝統世界の巻き返しと見なすことができる。

私たちの人生がそうであるように、世界も世界史も変化して止まない「生物《なまもの》」である。世界は常に過渡期であり、力関係で姿が変わる。現在は基本的にはインターネットが地球を覆い諸システムが連動するグローバルな時代だが、IT技術などに補強されて、一部の地域で古いシステムが息を吹き返してもおかしくない。

地球規模で諸地域が連動する時代に、一九世紀に体系化されたヨーロッパ中心の「西洋史」、二〇〇〇年以上の歴史を持つ「東洋史」の世界認識は、いずれも世界の現実とは嚙み合わない。グローバル時代には、世界の現状を読み解ける鳥瞰的世界史への枠組みの転換が必要になる。

宮崎正勝（みやざき　まさかつ）１９４２年東京都生まれ。東京教育大学文学部卒業。２００７年に北海道教育大学教授を退官。著書に『世界史の誕生とイスラーム』、『「空間」から読み解く世界史　馬・航海・資本・電子』など。

異民族を活用したチンギス・カン

杉山正明（京都大学名誉教授）

モンゴルについては、かなり誤解と幻想がまとわりついている。いわく史上最強の軍団とか、もしくはかつてない巨大帝国とか、または残忍・非道きわまりない野蛮集団・人殺しなど、まあれこれいろいろと錯覚や誤解・決めつけ・過大評価に色どられている。しかし、そうしたイメージは、たいていあとから勝手につけられたものであり、実際とはかけ離れていることが多い。それはモンゴルが征服のために意図して恐怖をあおる戦略をとっていたためでもある。逆らえば殺戮と破壊を平然とやってのける人間離れした集団である、という噂を流したこともあった。率直にいって、強いとか弱いとかいう話とは、かなりズレがある。現実には、たかだか騎馬を基本とする軍団であったとしかいいようがない。単純にいえば、決して強いとはいいきれないし、もとより特別な兵器や銃火器を備えているわけでもなかった。その一方、余程の場合をのぞいて、モンゴル兵について無理をさせることはほとんどなかった。別のいい方をすれば、モンゴルはモンゴルを大事にした。所詮は弓矢の民でしかなかったのだから。そしてもうひとつ、カザフやいろいろな遊牧民たちを、自分たちの騎馬軍団として次々に組織化した。そのさい、出身や人種でわけへだてをすることはあまりなかった。ほとんどすべては、そこにポイントがあった。

モンゴルは在地支配への関心が極めて薄かった。モンゴルはよくあらゆる宗教に対して寛容であったと言われるが、それは無関心とも言い換えられる。モンゴルは軍事と政治、支配と統治だけに関心があった。宗教、技術、思想、情報は、統治の手段にすぎなかった。一二六〇年にクー・デタによって大カアンとなったクビライ以後は、経済支配が関心の焦点となり、重商主義が採られた。クビライは陸と海の交通を掌握し、専売と通商の商業利潤によって、国家財政を運営した。

その一方で、優秀なものがいればどんどん抜擢した。ようするに才能主義であったといってもいいか。たとえば有名な耶律楚材（漢語の発音では、イエリュウ・チューツァイ）。チンギス・カンは捕虜となった彼が実に堂々たる美丈夫であるのを認め、しかも彼がモンゴル人たちにはないさまざまな才能と、軍師たる見識と度量、そして東西にわたる豊富な知識の持主であることから、たちどころに自分のブレインのひとりとして登用した。そうした例はかぎりなくある。騎馬の戦闘士たちだけでは、急速に拡大したモンゴル領を統治し、しかるべく運用してゆくことは困難だったからである。たとえばチンギス・カンはキタン人や女真人、ムスリムを幕僚として抱え込んでいた。モンゴルにはない知恵と経験、情報と組織を持っていたからだ。また、後にモンゴル帝国が作り出した商業と流通から利潤を上げ、それによって国家財政を支える仕組みを作ったのは、イラン系のムスリム商人とそこから選抜された経済官僚たちであった。

これは、人類の歴史を見渡して、常によくあるパターンであるといっていい。率直にいえば、チンギス・カンはいわば当たり前のことを当たり前におこなっただけといってもいい。そしてもうひとつ、自分を頂点とする各集団をよくよく観察し、反逆やクー・デタの芽があれば、ただちに刈り取った。そのあたり油断はなかった。

ひるがえって、モンゴル軍団が展開していた広大なユーラシアの中央域には、中国北部からのちにいうロシア大草原、そして牧畜に適したじつに緑濃いハンガリー平原、さらにはアゼルバイジャンに至るまで、えんえんと草原地帯がつらなっていた。そうした世界には、かえりみてかの古代遊牧民のスキタイたちが、じつに古い時代からひろやかに展開しており、モンゴルはそうした古くからの延々たる歴史の営みを一挙に総括する運命をもっていたといってもいいすぎでないだろう。ようするに、ユーラシア内奥の東西は、広い意味で遊牧民たちの天地であり、かれらの活動によってユーラシアはユーラシアたりえたのであった。まあ、実に単純な話といってもいいかもしれない。

ようするに、地球規模ではないけれど、ユーラシア世界の世界史は古くからたしかにあった。ひるがえって、もうかなり以前のことにさかのぼるが、日本の西洋史学を代表するふたりの知り合いが〝大航海時代〟という新造語をひねり出して、さかんに喧伝した。陸から海へと、世界をつなぐになない手が交代しはじめる幕開きだったといいたいようであった。だが、はたしてそうか。そもそも、〝大航海時代〟といえるような様相になるのは、じつのところずっとあとのことである。率直にいって、十八世紀、かのキャプテン・クックの時代以降でしかない。もっともそうした批判をかつていくらか綴ったところ、〝グレイト・マリタイム・エイジ〟という日本式英語は看板を下ろすことになった。ヨーロッパ人が進出してこなければ、〝旧世界〟というまとまりすら成立していなかったかのようにいうのは、あんまりだろう。壮大な嘘であり、愚かしい所業であったというほかはない。

衰退を招いた仲間意識

さて、モンゴル帝国なるものは、チンギス嫡統家といっていい「大元ウルス」を宗家とも中心ともしつつ、ロシア大草原一帯をおさえるいわゆるキプチャク・ハン国（正式にはチンギスの長子であるジョチの名をとって「ジョチ・ウルス」という）、中央アジア中央域を領域とする「チャガタイ・ウルス」、そしてイラン・中東方面に広がった「フレグ・ウルス」（しばしばイル・ハン国ともいう）の、四大部分から成る。まあ、それぞれのウルスひとつひとつが、帝国と呼んでいい規模であり、結果として世界史上で最大のゆるやかな連合体であった。そして、この四大ウルスは、しばしば相互に対立し、時にはウルスごとに抗争・実戦に及ぶことも少なくはなかった。そして、この巨大な連合帝国の西側に、ささやかなヨーロッパがそれぞれまた中小の王権に分かれて、離合集散していたといっていい。

こうしたゆるやかなモンゴル連合は、それぞれの立地条件もあって、たとえばイラン方面に根拠するフレグ・ウルスは、中東方面の各国とさまざまなかかわりをもたざるをえなかった。鎌倉日本が二度にわたる〝モンゴル襲来〟を味わう少しばかり前、一二五八年のこと。チンギスの孫、フレグ率いるモンゴル軍は、イランのイスマーイール派教団王国の山城群を簡単に片づけて、怒濤のようにバグダードに到来した。フレグのもとには、中東各地のムスリム部隊やアルメニア軍、さらにはキリスト教徒勢力もくわわり、バグダードを攻略、アッバース朝の三十七代カリフのムスタースィムは投降して、貴人の礼をもって殺害された。ようするに、モンゴル側のフレグ・ウルスをもってして、かるがると中東のかなめたるバグダードは開城・降伏せしめられたのであった。

ひるがえって、四つに分かれた巨大帝国たるモンゴルは、それぞれに内情はそれなりにあるものの、全体として眺めれば比較的に仲は悪くはなかったといっていい。そして、きわめて特徴的なこととして、モンゴルはモンゴルにベタベタに甘かったといっていい。モンゴルは、基本的に特別のことがなければ、仲間を殺さなかった。殺す場合は、よほどの事情があったのである。どちらかといえば、異常なほどの仲間意識であり、ある種の〝エリート意識〟もあったのだろう。ともかく、この集団に属してさえいれば、ほぼ安泰といったところであった。そうした結果、世代をへるに従ってモンゴルが軟弱になってゆくのは避けがたかった。

とはいえ、ジョチ家のバトゥは、まだしも勇武の気性を保っていた。彼はロシア大草原を西進し、いったん既述のハンガリー平原に入ったあと、さらにすすんでハプスブルク領に接近した。そして、ウィーンもま近になったとき、モンゴル帝国の統一後継者をえらぶセレモニーに参列すべく、やむなく東へ戻った。バトゥの心境はどのようであったか。ともかく、これ以後ルーシの地は次第に薄明のなかに融けてゆく。ただし、その枠組は近代ロシアという別の姿に変わりゆき、今もなお巨大な北の国として、かのプーチンのもと、おおいに存在感を発信している。

モンゴルとクリミア

モンゴル帝国は、スキタイや匈奴をはじめとする遊牧国家の歴史の頂点にいるといっていい。モンゴル時代をとおして、それ以前の歴史もおぼろげながらに見えてくる。とりわけ、ユーラシアの内奥にいたオアシス民や遊牧民の姿は、モンゴル時代の記述によって蘇ることもしばしばある。もとより、モンゴルの支配は場所によってさまざまであり、たとえばモンゴル系の国家クリム・ハン国がロシアに接収されるのは一七八三年のことである。ちなみに、二〇一四年、ロシアのプーチンがクリミア半島を併合し、世界各国が声をあげて非難したが、クリミアとセバストポリなどの帰属は、古くからの懸案事項といっていい。実のところは、クリミアの地はクリム・タタルというモンゴル系の人々の居住地であり、その海にむかった突端には、かのモンゴルが造営した「バフチェ・サライ」という麗しい宮殿がある。かつて筆者がNHKのみなさんとともに製作した『大モンゴル』は、世界レヴェルで大評判をとったが、まさにその「バフチェ・サライ」とクリミアは、ともどもにそれぞれの理由と背景、そして長い歴史のなかにある。少なくともウクライナが、この一帯を領有すること自体が、もともとナンセンスであった。

ひるがえって、少なくとも筆者にとってモンゴル・クリミア・セバストポリ、そしてバフチェ・サライは、一体のものとして考えるのが素直なように思えてならない。実のところ、そうしたところはこの地上で幾つも存する。世界史を部分と部分の総和としてではなく、ひとつの全体像としてとらえることの意味はまことに大きい。モンゴルとその時代は、世界史を考えるうえでの絶好のテーマといっていいだろう。

杉山正明（すぎやま　まさあき）　1952年静岡県生まれ。京都大学大学院博士課程単位取得退学。専攻は中央ユーラシア史、モンゴル時代史。『モンゴル帝国の興亡（上下）』、『遊牧民から見た世界史　増補版』、『興亡の世界史　モンゴル帝国と長いその後』など著書多数。

ルネサンスは魔術の最盛期

樺山紘一（東京大学名誉教授）

一般にルネサンスといえば、十五世紀の初めから十六世紀半ばをひとつの区切りとして、フィレンツェ、ローマ、ヴェネツィアなどイタリアの都市国家を中心に始まった文化、社会などの変革・刷新、ということになります。具体的に、レオナルド・ダ・ヴィンチやミケランジェロなどに代表される絵画や彫刻などを思い浮かべる人も多いでしょう。

なぜこれまでルネサンスが西洋史の中でもとりわけ重要な画期とされてきたか。その理由は、それが「ヨーロッパのアイデンティティ」と深く結びついていたからです。それは大きくいうと、三つの側面がありました。

ひとつは「古代の復活」。この時期に、イタリアの各地で古代の建築物や彫刻などの発掘が相次ぎます。さらにはアリストテレスやプラトンなどの古代の著作が「発見」される。そこで当時の人々は、自分たちこそが古代ギリシャやローマの文化的後継者なのだ、と興奮したのです。

それは同時に、「中世からの解放」でもありました。それまでのヨーロッパはキリスト教会によって抑圧され、人間の精神や自然な姿が損なわれていた。そうした神中心主義に異議を唱え、人間中心主義を掲げ、古代の精神にならって自由を取り戻そうとした時代がルネサンスだった、というわけです。

そして第三に「近代の出発点」。自然科学や「個人」の確立など、近代的科学主義・合理主義の始まりはまさにルネサンスにある。こう主張したのは、ミシュレやブルクハルトら十九世紀の歴史家でした。つまり近代ヨーロッパ人が自分たちの原点として「ルネサンス」を位置付けたのです。

これは、いわばヨーロッパのサクセス・ストーリーです。栄光の古代ギリシャ、ローマにルーツを置き、宗教に縛られた暗黒の中世を経ながらも、自由で合理的な近代の扉を開く。それを成し遂げたのは、輝かしいルネサンスを経験したわれらヨーロッパ人だけなのだ、と。だから近代が生まれ根付いたのはヨーロッパだけで、あとの世界は単にそれに追随するだけ、という理屈につながった面もあった。

しかし、二十世紀の後半、ことにこの三十〜四十年の間に、ずいぶん研究が進み、そんな単純な図式ではルネサンスという歴史事象を説明できないことがわかってきました。そこから見えてきたのは、洋の東西にまたがる、時間的にも地理的にもより大規模で、かつダイナミックなルネサンス像だったのです。

東方世界の〝ルネサンス〟

まず、古代ギリシャ、ローマを「発見」したのは誰か。これは早くから指摘されていたのですが、この時期、イタリアをはじめとするヨーロッパ世界に、新たに古代ギリシャ、ローマの思想や科学などをもたらしたのは、ビザンティン帝国であり、イスラム世界でした。

古代ローマ帝国が東西に分裂したのは三九五年。以来、トルコからバルカン半島、イタリアにかけて一四五三年まで存続したのが東ローマ帝国、またの名をビザンティン帝国です。実は、この帝国の中心となったのはギリシャ人でした。古代ギリシャ語のままではありませんが、ギリシャ語を使い、ヨーロッパでは埋もれてしまったようなギリシャ、ローマの文化がそのまま生きていたのです。ことに九世紀半ばから十世紀前半には戦乱期に散逸してしまった古典を復活させる運動が盛んに行われました。また同じく九世紀には「ローマ法大全」をギリシャ語に訳し、整理した「バシリカ法典」も完成しています。つまりイタリアなどに先んじて、九世紀のビザンティンでルネサンスが起きていたわけです。

また七世紀に成立したイスラム世界でも、ギリシャ、ローマなどの古代地中海文化の吸収は始まっていました。哲学だけではなく、天文学や化学、物理学などは、ギリシャ語などからアラビア語に翻訳され、膨大な知のデータベースを作り上げていったのです。

一四五三年、ビザンティン帝国を倒したのは、オスマン帝国のメフメト二世ですが、彼はプトレマイオスの『地理学』やホメロスの写本などのほかヘブライ語、アラビア語の文献も数多く集め、トプカピ宮殿に所蔵しています。率直に言って、当時の西方のラテン語世界と東方のアラビア語世界を比較したら、知識の量、テキストの数いずれで見ても、はるかにアラビア語圏のほうが高い水準にありました。そこには古代オリエントやインドなどの文化的蓄積も含まれていました。たとえば「1、2、3、4……」というアラビア数字は、インドで生まれ、アッバース朝の科学者フワーリズミーの著書によって西方にもたらされたものです。また、中世ヨーロッパでは天文学が非常に遅れていましたが、アラビア人は、古代ギリシャなどの書物をもとに、独自の天体観測を重ね、そのデータも含め、自らの知識としていました。

もちろん西方ヨーロッパでも、中世にラテン語化したギリシャ・ローマの古典が読まれてきましたが、この時期に、イスラム、ビザンティンから新たな古典の知識が流れ込んできたわけです。こうして東方世界の文化的蓄積を、西方のラテン語世界が学習した——。ルネサンスを論じるとき、そうした側面を見落としてはならないでしょう。

〝迷信〟が花開く

もうひとつの「ルネサンス神話」にも新たな検討が進められています。すなわちルネサンスは本当に「近代の始まり」といえるのか——。

実際に科学的思考、合理主義が少しずつ確立していくのは、ルネサンスよりも後、十七〜十八世紀になってからです。実は、ルネサンス期は、近代の目でみれば迷信といえる魔術の最盛期だったのです。

その典型が占星術です。彼らは太陽や月、星などの天体の配置は、手足などの人体の配置、さらには人間社会の構造とも深く結びついていると考えました。だから、天体の配置や動きを知れば、人間社会の森羅万象が解明されるはずだ、というのが占星術の基本的な発想でした。

そこで重要なのは、実際に星などがどのように動いているかを知ることです。そのために、ルネサンスの人々は正確な天体観測を追求しました。実は、地動説を唱えたコペルニクス（一四七三―一五四三）や、天文物理学の祖とされるケプラー（一五七一―一六三〇）といった人々も占星術師でもあったのです。

錬金術も、当時は最先端の理論でした。今では、錬金術というと「価値のない材料から黄金を作るインチキ技術」とみなされていますが、もともとは錬金術の「金」とは「金属」のこと。これも基本的な考え方は、占星術と同じです。簡単に説明しますと、この世界には、万物の源である「一者」があり、そこから流れ出た「霊魂」が物質という形をとっている。だから、物質が持っている様々な性質は、世界全体のあり方とつながっていて、そのエッセンスとなるものを抽出できれば、物質を自在に操作できる、というわけです。そのためには物質の特性をすべて調べ、記述・分析する必要があるというので、ルネサンスの人々は様々な実験や観察を行っていました。

こうした知識の蓄積が、後に化学や物理学といった近代科学につながるのですが、それはあくまでも後世の目で見た理解に過ぎません。当時の人々は、魔術としての占星術や錬金術こそ、世界の秘密を解く最先端の技術だと考えていたのです。

また、こうした錬金術や占星術などの魔術も、遡ってみると古代オリエントに端を発し、イスラム世界で高度に発達し完成したものでした。それがルネサンス期のヨーロッパに移入され、花開いたのです。

コミュニケーションの革命

では、なぜ十五世紀から十六世紀にかけてのヨーロッパで、ルネサンスという成果が生まれたのでしょうか。その最大の理由は、コミュニケーション革命にあったと思います。長い中世の歴史の中で、東方世界とヨーロッパは、交易や、十字軍に代表される激しい軍事的衝突を繰り返してきました。そこで様々な文化などの交流も行われましたが、それは非常にゆっくりとした歩みでもありました。当時の航海技術では、地中海の航行は、運が良くて年一回往復できるかどうかだったのです。

ところが、ルネサンスに先立つ十三世紀後半から十四世紀にかけて、中世商業革命と呼ばれる大変化が起こります。

それは航海技術の革命でもありました。まず竜骨船といって堅固な船体を持つ船が作られ、大型化が可能になります。十三世紀には二百トン級の船がせいいっぱいだったのが、十六世紀には一千トン近い船も建造されるようになりました。

十三世紀中頃からは、帆船の帆の形が変わります。メインの帆は従来どおり大きな四角形ですが、さらに船尾に三角形の帆が付け加わった。四角形の帆は後ろからの風を受けて前に進むだけですが、三角帆は向きを変えることで、横風でも進むことができるようになって、航海可能な条件がぐっと広がりました。さらにこの時期、羅針盤が普及します。一三〇〇年頃には、ポルトラーノと呼ばれる、羅針盤に対応した新型の実用海図も生まれます。こうして地中海の航海ははるかに容易なものとなっていったのです。

フィレンツェ、ローマなどイタリアの都市国家ではじまったルネサンスですが、ドイツやフランスといった西方ヨーロッパ全体に広がったのも、コミュニケーション技術の発達が大きい。その代表例が活版印刷でした。十五世紀の中頃、ドイツのマインツという町で、グーテンベルクが金属活字を使った印刷術の実用化に成功します。さらにほとんど同じ時期、版画の技術も確立する。

意外なことに、この直前までヨーロッパには木版印刷の技術もなかったのです。年代が推定できるかぎりで、現存する最古の木版印刷は法隆寺などにある「百万塔陀羅尼」で奈良時代のものですが、そもそもヨーロッパには紙がなかった。ルネサンスの直前までは羊皮紙が中心で、その前はパピルス紙。ヨーロッパで紙が作られるのは十二世紀のはじめ、おそらくスペインでイスラム教徒がもちこんだのでしょう。

ともあれ、活版印刷と版画技術によって、情報の広がる速度、空間、社会的身分が飛躍的に広がります。それまで書物といえば、羊皮紙にすべて手で筆写したものでしたから、数も希少で、貴族や教会関係のごく限られた人しか目にすることはできませんでした。それが活字、版画によって、受容できる層が一気に拡大した。活版印刷の発明からわずか五十年のうちに刊行された書物をインキュナブラ（揺籃期本）と呼びますが、四万点にも及ぶといいます。

こうした変化は芸術の受容にも影響を与えました。ダ・ヴィンチの「モナリザ」や、ミケランジェロやラファエロの壁画などを、当時、何人の人が見ることができたか。「モナリザ」などはダ・ヴィンチ本人が隠していて、自分でフランスに運んで、死後にフランソワ一世に渡っていますから、国王ほかごく僅かな人しか見ていない。バチカンのシスティーナ礼拝堂でも当時入れる人は非常に限られていた。

そんななか、ラファエロは自分の作品を版画にしていいという許可を与えて、数百という版画が出回ります。それによってラファエロの名声も広がった。

ルネサンス期は万能の天才として知られる、突出した個性が咲き乱れた時代ですが、それが広く知られ、伝えられたのはコミュニケーション・メディアの発達が大きい。

ルネサンスとは、「数多くの天才が生まれた時代」である以上に、「天才たちの情報がこれまで以上に伝わるようになった時代」といえるでしょう。

樺山紘一（かばやま　こういち）１９４１年東京都生まれ。東京大学大学院人文科学研究科修士課程修了。東京大学教授、国立西洋美術館館長などを歴任。『ルネサンス周航』、『ゴシック世界の思想像』、『歴史の歴史』など著書多数。

明を揺るがした日本の火縄銃

久芳崇（西南学院大学非常勤講師）

一五九二年三月。天下統一を果たした豊臣秀吉は、中国明朝の征服を企図して、現在の佐賀県唐津市に新たに築城した名護屋城から大軍を朝鮮に派兵した。世に言う朝鮮の役（文禄・慶長の役。一五九二〜一五九八年）である。対馬海峡を渡った日本軍は、破竹の勢いで勝利を重ね、上陸から二〇日あまりのうちに漢城（ソウル）をも征服した。この緒戦における快進撃の原動力となったのが、大量に装備された日本刀、そして鉄砲（火縄銃）であった。

朝鮮の危機に直面し、宗主国である明朝は救援軍の派遣を決めた。救援軍の第一陣として七月に朝鮮に到来したのが、遼東副総兵（武官最高職の総兵官に次ぐ職）祖承訓《そしょうくん》であった。配下の兵三〇〇〇を率いた彼は、依然として平壌に日本軍が駐留しているのを聞き、天が我が戦功を挙げるのを助けてくれているのだ、と祝杯をあげたという。功名心にかられた彼は、朝鮮重臣柳成龍《りゅうせいりゅう》の制止に耳を貸さず、豪雨と泥濘《でいねい》という悪条件の中、火器装備もなく平壌城へと突入した。子飼いの騎馬軍を率いて強行突破し、相手を威圧し殲滅《せんめつ》するという、モンゴル族に対するのと同様の得意の戦術で平壌城七星門に足を踏み入れた彼らに、待ち構えた日本軍による鉄砲の一斉掃射が浴びせられた。銃弾が雨のように降り注ぎ、「承訓は命辛々敗走し、帰還兵は三千のうち数十人のみであった」（『両朝平攘録』）という大敗であった。

これ以降、明軍は日本軍の鉄砲に戦役を通じて苦戦する。

朝鮮の役で明朝と朝鮮に苦戦を強いた鉄砲が日本に伝来したのは、朝鮮の役からおよそ五〇年前の一五四三年（一五四二年という説もある）である。種子島に伝来した鉄砲は瞬く間に日本全国へと伝播《でんぱ》し、量産が始まった。日本において、鉄砲はなぜ急速に普及したのだろうか。

第一の理由は、鉄砲が伝来した時期、日本は一四六七年の応仁の乱以来続く戦国時代にあり、全国で鎬《しのぎ》を削る戦国大名が、他を圧倒する武器を求めていたことだ。

第二には、従来の日本の手工業技術（鍛鉄《たんてつ》）の水準が高かったことが挙げられよう。加えて外来の製造技術（それまで日本にはなかった銃底を塞ぐためのネジの技術など）を積極的に摂取しようとする柔軟性も短期間での導入と普及を可能にした。

また、火山国である日本では、火薬の原料となる良質の硫黄が豊富に産出されたこと、同じく原料となるが、日本では産しない硝石を交易を通じて海外から安定して輸入できたことも、鉄砲が普及した要因である。

中国で活躍した日本兵捕虜

では、日本軍の鉄砲に苦戦した明朝と朝鮮には鉄砲はなかったのか。

実は鉄砲は日本と同じく一六世紀半ば頃には明朝にも伝来していた。明朝の鉄砲伝来については、既に明代より諸説あるが、鄭若曾《ていじゃくそう》『籌海図編《ちゅうかいずへん》』という中国史料の記述などから、その製法がまずポルトガルから伝来したが精巧に模造できず、次に一五四八年に倭寇勢力の密貿易拠点であった浙江双嶼《せっこうそうしょ》を明軍が攻撃した際に捕虜とした人物（「番酋」）を通して製法が伝えられたとされている。その他、中国沿岸諸地域にもほぼ同時期に伝来した。一五五八年には一万余挺の鉄砲が明朝で製造された。また倭寇やモンゴル討伐に赫々《かくかく》たる戦果を挙げた武将戚継光《せきけいこう》らによって鉄砲が積極的に導入され、少なからぬ効果を上げた。ただしこの時期の明朝において、鉄砲は主要兵器としては位置づけられていなかった。

その理由として、まず明朝の鉄砲の性能の低さが挙げられる。日本式の鉄の鍛造《たんぞう》により製造された鉄砲とは異なり、明朝で製造されたそれは、銅の鋳造によるものであると推定されている。鋳銅製《ちゆうどう》鉄砲は短期での大量製造を容易に可能にする一方、鍛鉄製に比べ、品質が劣り、銃身が脆《もろ》く数発撃てば暴発の恐れがあった。また、日本の鉄砲の高い命中精度に比べ、鋳銅製のそれは低かった。例えばポルトガル人宣教師のルイス・フロイスは、朝鮮の役で明朝が使用した鉄砲について「彼らの鉄砲《エスピンガルダ》は、どのようにして発射されるのか不可解である。というのは、無数に発砲した後も、そのための死傷者が一人も出なかったからである」（松田毅一・川崎桃太訳『日本史2』中央公論社、一九七七年）と述べている。

また明朝ではより強い破壊力のある大型火器に関心が集まったことも、鉄砲が主要兵器とならなかった理由であろう。明朝は同じくポルトガルから伝来した艦載砲の仏郎機砲《フランキほう》を、鉄砲よりも遥かに熱心に導入した。大小様々に改良を加え、海戦・陸戦問わず多くの場面で使用した。とりわけ火器装備のないモンゴルなどの騎馬軍に対して、大型火器の発射時の轟音は、馬を驚かせるなど大きな威嚇効果があった。また射程の長さと巨大な砲弾は、倭寇勢力のジャンク船を撃破するに十分の破壊力があった。

さらに日本の鉄砲のような火器の配備には、莫大な費用がかかること、その実戦での運用には極めて高度な練兵が必要であることも大きな理由として挙げられる。

先述の戚継光は、その著書（『紀效《きこう》新書』『練兵実紀』）において、鉄砲など火器を実戦で用いる際には、十分な兵の統制と火器の管理とが極めて重要であることを何度も執拗《しつよう》に述べている。例えば射手の操作ミス（よく見ずに撃つ、弾の入れ忘れや装着手順の不備、火縄管理など）で、火器を問題なく発射させることができるのは一〇のうち四、五。そのうち敵に命中するのはせいぜい一発。配備される火器は銃口や鉛弾が不揃いで命中精度が低く、敵が大挙襲来すればなすすべもないという。士気・レヴェルともに低い農村や無頼出身の兵卒が、火器を実戦で有効に運用することは、いかに困難であったかを示唆していよう。

加えて火器の導入そのものが明の朝廷により危険視されていたことも見過ごせない。中国の王朝は文官が武官に優越する伝統を持っており、朝廷を仕切る文官は、過度の軍備強化が武官の専横を招くことを怖れていた。とりわけ「蛮夷」として蔑《さげす》み、危険視していた外国諸勢力からもたらされる火器に対する警戒心を緩《ゆる》めることはなかった。その結果、明朝において火器は主要兵器となるまでには至らず、敵を牽制する際に使用する補助的な兵器としての役割が与えられるにすぎなかった。

しかし朝鮮の役での日本軍に対する苦戦によって、明・朝鮮両軍は鉄砲の本格導入の必要性に迫られた。明軍は日本軍から鉄砲を獲得し、また「降倭《こうわ》」と呼ばれる日本兵捕虜を積極的に傘下に加えるなどして、その導入につとめた。例えば朝鮮の役の際、明軍を統率した李如松《りじょしょう》は、「朝鮮の各陣営が得た鳥銃（明代における鉄砲の呼称）は皆元帥（李如松）の下へ送られている」（『朝鮮王朝実録　宣祖実録』）とあるように、朝鮮軍が獲得した鉄砲を自陣へと送らせていた。

李如松と並び明軍側の代表的武将である総兵官劉綎《りゅうてい》の配下には、チベットやビルマ、苗《ミャオ》族といった異民族の兵卒が多く存在していたが、朝鮮の役の際には捕虜となった日本人もその一員に加わった。朝鮮の重臣が「劉提督の配下の降倭から毒薬の製造法を習得しようとした」（『同前』）と述べるように、彼らの中には特殊な技能を持つ者も少なくなかった。朝鮮の役後の劉綎軍について述べた中国史料には、「劉綎の所有する倭刀（日本刀）や鎧甲はすべてが精鋭であった。配下の私兵はそれらを製造することができ、その技術は匠工も及ばぬ程であった」（『都督劉将軍伝』）とあり、自軍内での兵器の製造が語られている。鉄砲の製造について言及したものではないが、おそらく鉄砲についても同様であっただろう。「降倭」には鉄砲の扱いに習熟したものだけでなく、鉄砲を製造したり、修理できる技術を持った人材が含まれていたと考えられる。

朝鮮の役の終結後、劉綎は中国西南部の四川播州における楊応龍《ようおうりゅう》の乱（一五九四～一六〇〇）鎮圧に転戦する。その際に彼は「みずから官兵や私兵、日本兵捕虜やモンゴル兵を率いて賊と戦った」（『平播全書』）、「劉総兵は短衣を着て親兵や真倭数人を率いた。各自鳥銃を装備し行軍した」（『平播日録』）とあるように鉄砲と日本兵を活用している。劉綎傘下にどのくらいの日本兵が存在したのかは不詳であるが、「四川鎮遠営の降倭銃手五百はかつての劉綎配下にあった人々である」（『籌遼碩画《ちゆうりようせきかく》』）とあることから数百名規模の鉄砲隊が存在していたことがうかがえる。明朝全体でみれば、厖大《ぼうだい》な規模の日本兵が戦力として収容されたと考えられる。

明朝の鉄砲導入が遅れた理由

このように朝鮮の役以降、明朝は鉄砲をはじめ火器の本格導入を企図した。にもかかわらずヌルハチやホンタイジらが率いる女真族勢力に次第に圧倒され、滅亡を迎え、女真族は清朝を立てた。火器の導入と運用において、女真族に大きく差をつけられたことが、その一因だと考えられる。なぜ遅れをとったのか。

その原因は、鉄砲をはじめとする火器の導入が、明朝の中央政府ではなく、私兵を養う武将によって、積極的に行われたことに求められる。

その原因を詳述する前に、なぜ、私兵を養う明朝武将は、すでに述べた明軍総兵官の劉綎のように火器技術を積極的に受容したのかを説明しておこう。

その理由は彼らの主要な経済的支柱が王朝から支給される軍餉《ぐんしょう》（給与）だったことにある。この軍餉は、総兵・副総兵といった武官職が保証するものであり、それによって、武将は私兵を養い、戦功を挙げることで、ポストと給与を維持していた。逆に言えば、戦功を挙げなければ、ポストと給与を失う。そのため、武将は常に自分のポケットマネーで、火器をはじめとする優れた軍事技術と強い兵隊を養う必要に迫られていた。これが劉綎を火器技術導入に駆り立てたと考えられる。この仕組みは、自らのポストと給与で強い軍隊を作り、戦功を挙げ、さらなる昇進と昇給を得る好循環にあるうちはいいが、ひとたびミス（敗戦や不祥事）があれば、瞬く間に武官職を解かれ軍餉の支給がなくなり、武将は軍団を維持できずに路頭に迷うことになる。すると、軍団に蓄積されていた技術や技能は、明朝の軍隊には受け継がれず、宝の持ち腐れになってしまう。特に鉄砲のような火器を製造し、戦場で使う特殊な技術や技能は、武将の解任による損失を受けやすいことは容易に想像がつく。つまり、この仕組みが明朝において、鉄砲をはじめとする火器技術の蓄積と発展を阻《はば》んでいたと考えられるのだ。

実際、一六一三年、劉綎は地方官僚を殴打する事件を起こして総兵官を解任されると、軍団の維持が困難となり、軍団は解散し、劉綎も尾羽打ち枯らして帰郷した。このとき劉綎の擁していた鉄砲隊も離散を余儀なくされた。

しかし、劉綎は一六一八年、遼東に女真族が本格的に進出してきたのに伴い、再び総兵官に起用される。彼はかつて自分が手塩にかけて育てた鉄砲隊を含む精鋭部隊と合流するまで前線への出発を待ってほしいと要請したが、聞き入れられることはなかった。結局、劉綎は十分な戦備を整えられないまま、サルフの戦いに赴き、戦死した。明朝はこの戦いで、女真族に敗北し、滅亡へと突き進む。

では、中央政府主導による火器の導入はどうなっていたのだろうか。

一七世紀に入り、屈強な騎馬軍を擁する女真族による圧迫が熾烈《しれつ》化すると、明朝はその進撃を防ぎうる高性能のヨーロッパ式火器の導入の必要性に迫られた。

しかし、結論から言えば、それはうまくいかなかった。その原因は、先述した文官による武官の軽視と、火器技術の導入に欠かせない外国人への保守的な官僚による警戒と統制にある。それらによって、火器導入を積極的に企図した文官は失脚し、新式火器導入は遅滞した。

例えば徐光啓《じょこうけい》や王尊徳《おうそんとく》ら中央・地方の有力官僚は、マカオのポルトガル当局から最新鋭のヨーロッパ式火器を大量に購入し、新式火器導入を図った。これらは中央政府を中心とする新式火器導入態勢の遅滞状況を克服するためのより直接的な試みであった。しかし、王朝内での反対圧力が強まり、はかばかしい成果を上げることはできなかった。マカオから仏郎機砲よりも高性能な新式大砲（紅夷砲《こういほう》）を導入し、その操作に熟達したポルトガル人砲手を数多く招聘《しょうへい》した際には、官僚らによる根強い抵抗があった。なかでも天啓年間（一六二一〜一六二七年）に紅夷砲の暴発事件が起きるとその招聘・利用の気運は低下した。

火器技術を吸収した女真族

明朝とは対照的に、火器を積極的に導入し一七世紀前半に台頭したのが女真族勢力である。当初女真族勢力は屈強な騎馬軍団をたのみにして勢力を拡大し、サルフの戦いでは劉綎ら明軍と降倭鉄砲隊を含む朝鮮軍との混成軍を撃破した。

しかし一六二六年の寧遠城での戦闘で、女真族は火器導入の重要性を痛感することになる。明朝官僚の袁崇煥《えんすうかん》が守るその城にはマカオから購《あがな》われ運ばれた紅夷砲一一門が設置されており、騎馬軍で突進するヌルハチ率いる女真族を完膚《かんぷ》無きまでに撃破したからだ。

ヌルハチ亡き後、女真族を率いたホンタイジは、積極的に火器技術受容をはかり、火器製造・使用技術に通じた人材を積極的に採用した。

皮肉なことにヌルハチを圧倒的な火力で退けた袁崇煥は、その後皇帝の不興を買い失脚した。かかる状況下において、脆弱《ぜいじゃく》な立場にあった明朝側人材の女真族側への投降が増加した。多くの投降武将が厚遇の見返りとして女真族に手渡したのが、厖大な数の火器と火器技術であった。彼らは八旗の火器専門部隊として編成され、のちの清朝による中国支配に重要な役割を果たすようになる。

投降武将佟養性《とうようせい》の監督下において、一六三一年に女真族勢力は初めて紅夷砲の製造に成功した。製造を担当した武将丁啓明《ていけいめい》・工匠王天相《おうてんしょう》は、ともに元来、明朝側の人材であった。火器に精通した明朝側の人材を積極的に麾下《きか》に編入し、組織的に火器技術導入を推進した女真族勢力によって、明朝は次第に劣勢に立たされていった。

マカオなど中国周縁部を発信源とする先端的火器技術の多くは、最終的に同じく中国周縁部で台頭する女真族勢力によって吸収・受容された。こうした火器技術の流動化・拡散化は明朝の軍事力を弱化させ、のちの明清交替の趨勢《すうせい》を決定づける要因となった。一七世紀東アジアの世界秩序は、流動化・拡散化した火器技術を積極的に受容することのできた勢力によって形成されるようになるのである。すなわち女真族勢力＝清朝と徳川政権である。

久芳崇（くば　たかし）　１９７０年福岡県生まれ。九州大学大学院人文科学府博士課程単位取得退学。博士（文学）。著書に『東アジアの兵器革命　十六世紀中国に渡った日本の鉄砲』がある。

戦争と疫病がニュートン、ライプニッツを生んだ

柳谷晃（数学者）

高校の数学で習う微分積分は、今の世の中に欠かせない。そればかりか、その威力を知れば、近代ヨーロッパの世界制覇も、微分積分なしには不可能だったと思うことだろう。この本は数学ではなく、歴史についての本だから、ここで微分積分とは何かを説明するのは控えよう。何に力を発揮するかといえば、たとえば、微分積分は時間とともに刻々と変化する運動を分析するのに非常に役に立つ。人工衛星も微分積分がなければ、打ち上げられない。

さて、この微分積分を作ったのは、誰かといえば、一七世紀に生まれたニュートンとライプニッツと言われている。しかし、一人や二人の天才だけでは、微分積分のような世の中を変えてしまう理論を築くことはできない。すぐに思いつくだけでも、次のような人々が微分積分の完成に寄与している。

アルキメデス（紀元前二八七―紀元前二一二）
ケプラー（一五七一―一六三〇）
メルセンヌ（一五八八―一六四八）
デカルト（一五九六―一六五〇）
カヴァリエリ（一五九八―一六四七）
ジル・ド・ロベルヴァル（一六〇二―一六七五）
フェルマー（一六〇七ごろ―一六六五）
トリチェリ（一六〇八―一六四七）
パスカル（一六二三―一六六二）
バロー（一六三〇―一六七七）
ニュートン（一六四三―一七二七）
ライプニッツ（一六四六―一七一六）

ご覧いただくと、人材が一七世紀に集中していることがわかるだろう。なぜ、この時期に天才が続々と出現したのだろうか。

その問いに答えるためには、まず、時間を遡らなければならない。

——一〇九五年一一月。ウルバヌス二世はクレルモン公会議で中世最高と言われる名演説をする。この演説は、キリスト教の聖地エルサレムをセルジュク＝トルコに奪われ、領土を脅かされたビザンティン皇帝の救援の求めに応じてなされた。聖地奪還のための遠征を唱えたこの演説によって、十字軍の遠征が始まる。

その当時、ローマ教会は知識の中心だった。イスラムの実力を知らないわけではなく、様々なルートで情報を集めていた。たとえば、イスラムの大学にアラビア人に変装した僧を潜りこませ、その講義録を持ちかえらせていた。しかし、その情報はローマ教皇庁から外に出されることはなかった。キリスト教信者たちがそれを知れば、ローマ教会の権威が揺らいでしまうからだ。

イスラムの衝撃

だから、ヨーロッパのキリスト教世界に住む人々は、ローマ・カトリックが最高の宗教であり、この世に救済と幸福をもたらすと信じた。しかし、二〇〇年に亘り、幾度もなされた十字軍の遠征によって、その信仰は揺らいでいった。十字軍に参加した王や諸侯、無名の戦士たちが、イスラム世界と出合ったからだ。

敵となったイスラムの軍隊は統率がとれ、よく訓練されていた。武器も自分たちが持っていたものより優れていた。ヨーロッパに勝るとも劣らない美しい建築や芸術もあった。それは立っていた地面が揺れるような体験だった。感受性が鋭く、知性を備えた人々は、ローマ教会がこれまで言ってきたことが、おかしいと気がついた。なかには、キリスト教を棄てる人まで現れた。ヨーロッパの人々の心にローマ教会やキリスト教への疑念が生まれた。

神が創造した自然の摂理は、聖職者からしか学んではいけないのか。直接、神や自然と対話してはいけないのか。それを禁じることこそ、神に背くことではないのか。

この疑念の種はやがて近代科学という花を咲かせる。すでにある教義によって自然を解釈するのではなく、自然を注意深く観察し、その内に隠されている法則を発見することこそが、自然科学の営みだからである。

また、十字軍遠征によってヨーロッパ世界は、イスラム世界から学ぶべきものは多いと悟った。アリストテレスやユークリッドなど、古代ギリシアの哲学や数学、イスラムの科学や技芸についてのアラビア語文献が大量に翻訳され、ヨーロッパの知的水準を高めていった。このような動きは「一二世紀ルネサンス」と呼ばれることもある。

科学史を考える上で特に注目すべき地域は、フランス南西部、ワインで有名なボルドーがあるガスコーニュ地方である。この地方からは多くの人々が十字軍に参加した。近代哲学の祖と言われるデカルトや「最終定理」で有名な数学者フェルマーなど、ガスコーニュ地方から影響を受けやすい地方が天才を数多く輩出したのは、そこに源があるのではないだろうか。

イスラムとの出合いから、近代科学の成果の一つである微分積分が生み出されるまでには、およそ五〇〇年がかかった。しかし、その衝撃は間違いなく微分積分の土台の一部になっている。

飢饉、戦争、疫病

微分積分が完成に向かう一七世紀のヨーロッパは、混乱と荒廃の極みにあり、かつてない不安に覆われていた。それをもたらしたのは、飢饉と戦争と疫病だった。

この時代のヨーロッパは、小氷期と言われる一四世紀半ばから一九世紀半ばまで続く寒冷期にあり、平均気温が低下していた。一六四五年から一七一五年はマウンダー極小期と言われ、太陽活動が極めて低調な時期だった。これが一七世紀の寒冷期の遠因とも考えられている。もともと、ヨーロッパの土地は肥沃ではない。当時の農業技術を考えれば、平均気温が少し下がっただけで、収穫量が減少したことは想像に難くない。凶作は当然、飢饉に直結した。

また、一六世紀から始まったローマ・カトリックとプロテスタントによる宗教戦争は、一七世紀に入っても収束せず、フランスではユグノー戦争（一五六二―一五九八）、ドイツでは三〇年戦争（一六一八―一六四八）という二つの大きな戦争が起き、ヨーロッパに深い傷跡を残した。

そして、疫病も多くの命を奪った。ヨーロッパの人口の三分の一から三分の二が犠牲となった一四世紀のペスト大流行が有名だが、一七世紀も各地でペストが頻発した。

地域によって、減少率は異なるが、飢饉、戦争、疫病によって、ヨーロッパ各地で深刻な人口減少が引き起こされた。三〇年戦争を経て、ドイツの人口は約一六〇〇万人から一〇〇〇万人と、約四割も減ったと言われている。全体で見ても、一七世紀のヨーロッパの人口は停滞していた。

このような厳しい状況の到来によって、ヨーロッパでは社会不安が高まり、戦争や飢饉、疫病を解決する、新しい知恵が求められていた。三〇年戦争を終結させた、近代国際法の祖と言われるウェストファリア条約は、その一つである。

人間の生死に関わる社会現象を人間自身が何とか解決しなければならない、という自覚が生まれたとき、天才が目覚める。社会が彼らを必要とするのである。一六、一七世紀ヨーロッパには、神に祈るだけでは解決できない現実があった。「一二世紀ルネサンス」によって、ヨーロッパ各地で芽生え、育ちつつあった、合理的で科学的な精神が、急速に深まるときが訪れた。具体的にはローマ教会の聖職者に神との対話を独占させず、神が創造した自然と直接、対話をすることが始められ、自然に隠された秩序や法則を発見し、理解しようとする、限りない探究が進められていった。
一六、一七世紀の数学者、物理学者は、敬虔なキリスト教徒である。その代表例はケプラーである。彼はティコ・ブラーエによる火星の精密な観測結果を精査した。しかし、ケプラーは自分の得た結果にどうしても納得がいかなかった。地球や火星の公転軌道は真円ではなく、楕円だったからだ。神よ、なぜ真円を使わなかったのですか、とケプラーは神に問いたずねたかったにちがいない。しかし、ケプラーは目の前の現実を説明できない、既成のキリスト教の論理に従わなかった。惑星の楕円軌道を受け容れ、なぜそうなるかを考えた。そして、惑星の公転速度や公転周期についての法則を発見した。

地動説を唱えたことで有名なコペルニクスは天才修道士だったが、惑星の公転軌道が楕円であることは発見できず、真円で考えていた。コペルニクスはケプラーほどの精度で、惑星の軌道を観測できなかったからである。このことは目の前の現実を精緻に観察することが、科学にとって、いかに重要かを物語っている。

ローマ教会は、地動説を唱えたガリレオを異端審問にかけたことから、科学的精神の敵のように思われているが、実は科学の研究をかなり進めていた。神が創った自然を恣意的に解釈し、理解するのではなく、現実にしっかり向き合い、誰もが納得するかたちで、現実を説明することが求められていたからだ。

その最大の原因は改暦である。

ローマ教会は、三二五年の第一ニカイア公会議で春分をユリウス暦のカレンダーで三月二一日と決定してしまった。昼と夜の長さが同じになる春分は、天体現象だから、ユリウス暦がいかに優れた暦でも、一〇〇〇年以上経てば、ずれてしまう。春分を基準にしてキリスト教で最も重要な祭日である復活祭は決められる。しかし、一六世紀後半には、ユリウス暦の三月二一日は本当の春分日と一〇日ものずれが生じていた。このことが周知の事実となってしまったら、ローマ教会の威信は失われてしまう。正確な暦を作れることが教会の権威を支えていたからだ。暦はキリスト教の儀式を執り行う日を定めていただけではない。正確な暦によって、種を播かなければ、農作物の収穫量が減ってしまう。また、この暦のずれは当時、ヨーロッパに勝る科学力を持っていたイスラム世界からも笑いものにされてしまった。そこで、プロテスタントへの対抗策とローマ教会の改革を主要な議題としたトリエント公会議（一五四五―一五六三）において、ローマ教皇庁に暦法改正が委託され、グレゴリウス一三世のもとで改暦委員会が発足した。そのときのメンバーにはイエズス会の数学者クラヴィウスも加わっていた。クラヴィウスは一六世紀のユークリッドと言われるほどの数学者だった。改暦はそのような優れた人材を結集させて進められ、一五八二年、グレゴリウス一三世が新しい暦法を制定した。これこそがグレゴリオ暦として日本だけでなく世界中で使われている太陽暦である。今も使える暦法を作れたことは、ローマ教会の優れた科学力を示している。

ローマ教会が育てた天才

真円だと思いこんでいた公転軌道が楕円だった。

正しいはずの暦が間違っていた。

理論と現実を対照したとき、理論の方が誤っていた。

このような問題が相次いで浮上したとき、もはやローマ教会の内部だけでは、科学的な問題を解決できないのではないか、ローマ教会の外にいる人材も集めて教育を施し、優れた科学者を育てなければならないのではないか、と考える人々が現れても不思議ではない。

おそらく、そのような危機感から、一五三四年に創立されたイエズス会はフランス、イタリアなどに学校を創立した。そこでは貧しい家庭の子どもでも、素質があれば、勉強をすることができた。そこで育ったのが、メルセンヌ、デカルト、トリチェリである。

メルセンヌは当時の天才たちの手紙を興味を持ちそうな人々に回覧して、自分のサロンを形成していった。当時の手紙は今で言えば、科学雑誌のようなもので、研究の成果を発表する媒体だった。メルセンヌのサロンは、フランス科学アカデミーの母体となった。

ローマ教会も科学の教育に力を注いだ。それはローマ教会がイタリア各地に持っていた大学で行われた。

ローマ教会の内部から生まれた、優れた研究者・教育者にカステリ神父（一五七八―一六四三）がいる。彼はガリレオの弟子で、ローマ教会の運営する大学に派遣され、講義をしていた。実はガリレオと教皇パウルス五世はかなり親密だった。

カステリ神父はカヴァリエリとトリチェリという優れた弟子を育てた。カヴァリエリは現代の高校数学の教科書にも出て来る積分の面積公式「カヴァリエリの定理」に名を残している。トリチェリはカステリ神父の推薦でガリレオの助手となった。トリチェリはガリレオの『新科学対話』の第三章を手伝い、そこで扱われている落体の放物線運動についての記述を整理した。その過程でトリチェリは微分と積分が逆の計算であることに気づく。この発見の重要性はいくら強調してもしすぎることはない。この発見によって、それまで非常に難しかった積分の計算が、天才でなくてもできるものになっていったからだ。トリチェリからバトンを渡されたニュートンやライプニッツがその方法を確立させた。微分積分の発展に大きく貢献した二人は、ローマ教会が育てていたことになる。

神の創造物についての研究は、聖職者しかできないとする、ローマ教会の中に、天才を育てる仕組みができていたことに、一七世紀ヨーロッパの危機感が如実に現れている。

人間は直面した問題を自分自身で解決しようとする努力ができるうちは滅びない。マヤ文明のように生贄を捧げれば問題が解決すると思い始めると、滅亡への道を歩む。微分積分は運動を解析するのに役立っただけではない。ペストのような疫病の感染がどのように広がるのかを予測し、流行を予防するのにすぐに応用された。天才が必要だという社会の要請と、その成果をすぐに活用しなければ立ち行かなくなるという切迫感が、その後のヨーロッパの繁栄を築いた。

一〇〇人に一人が微分積分を使える国と、一〇〇〇人に一人しか微分積分を使えない国では、問題解決能力、武器の性能、科学力に格段の差がつくのは火を見るよりも明らかだ。

自分たちの力で解決しようとする意志が天才を育てる。誰かがやってくれるだろうでは、天才がいても育たない。天才はいつの時代でも存在している。その力を育てるのは、その時代の人々の意志である。今の日本にそれがあるだろうか。

柳谷晃（やなぎや　あきら）1953年東京都生まれ。早稲田大学高等学院数学科教諭。早稲田大学大学院理工学研究科博士課程修了。『数学はなぜ生まれたのか？』など著書多数。

第三章　近現代

産業革命がイギリス料理をまずくした

小野塚知二（東京大学教授）

イギリスの料理はまずいとしばしば言われる。まずい理由として、美食を欲しない国民性である、ピューリタンの影響で食の楽しみが罪悪視された、あるいは、気候が冷涼なために食が単調になるなどの俗説はいくつか唱えられてきたが、いずれも反証が容易で、学問的には支持しがたい怪しげな説である。

うまい／まずいは直接的には個人の好みであって、食の属性ではない。うまい／まずいといった主観的な印象評価を離れて、食を客観的に分析するために、筆者は、食材の多様性、食材の在地性・季節性、調理方法の多様性という三つの指標を設定した（小野塚知二「イギリス食文化衰退の社会経済史的研究〔Poor Taste and Rich Economy: historical explanations on the lost tradition of British food〕」アサヒビール学術振興財団『食生活科学・文化及び地球環境科学に関する研究助成研究紀要』第十七巻、二〇〇一年。小野塚知二「イギリス料理はなぜまずいか？」井野瀬久美惠編『イギリス文化史』昭和堂、二〇一〇年）。むろんこの三つの指標だけで食を論じ尽くせるわけではない。食文化史の本来的関心からは、実際に食べられた料理や食べる場・状況が重要なのだが、料理や宴席は史料として残りにくいため考察の対象とするのが難しい。それに比べると食材や調理方法は、残されたレシピを用いてかなり正確に再現できるので、客観的な検証にたえる。

中世末から現代（ほぼ二〇世紀）までのイギリス料理にいかなる食材が用いられてきたか調べてみよう。中世末から近代までの間にもイギリスの食のあり方は変化しているが、食材という点では、近世（ほぼ一六〜一八世紀）に急増する熱帯産香辛料とジャガイモを除けば、一九世紀初頭までその種類は安定している。表1と表2はそうした食材を示す。

このうち表1は一九世紀中葉には用いられなくなった食材を、表2は中世末から現代まで用いられ続けた食材を表す。一九世紀中葉以降は表3の食材が新たに登場する。ここから明らかなように、一九世紀前半の数十年間に食材の多様性が著しく低下し、在地食材が（それゆえ食材の季節性も）ほぼ消滅した。一九世紀中葉以降のイギリスの食は大量生産可能な農業牧畜産品、トロール漁業産品と、工業製品で占められるようになる。食糧輸入は増加した時期だが、香辛料の役割はむしろ決定的に低下した。こうして、香りと味の華やかさを欠いた、近現代のイギリスの食が登場することになる。

ただし、トロール漁業で水揚げされたタラ・オヒョウと大量生産されたジャガイモで作られたフィッシュ・アンド・チップスや、同様に大量生産食材を用いたベーコン・アンド・エッグズは、一九世紀後半以降の下層階級の栄養状態を改善するのに貢献した。産業化したイギリスは熱量の点では豊かさをもたらしたのだ。

また、調理方法も単調化した。たとえば、調理の基本である加熱は、一九世紀後半までに、塩茹《ゆ》で、オヴン加熱、油で焼く／揚げる（近代英語では油で焼く、炒める、揚げるはfryの一語で表す）の三種に収斂《しゅうれん》し、かつてあった、蒸《む》す、直火で炙《あぶ》る、遠火で熱するなどさまざまな方法が消失した。また、野菜を生食するサラダも一九世紀前半には消滅し、その後はキャベツ、カリフラワー、にんじんやジャガイモ、カブなど根菜類を塩茹でしたものをクリーム系のドレッシングで和えた「茹でサラダ」が登場した。調理方法の多様性の低下は料理の味付けにもおよび、調理段階では最低限の塩・胡椒《こしょう》が用いられるだけとなった。むろん、そのままではまずいから、食卓で、食べる者が塩・胡椒や、グレービー（肉汁を元にしたソースで、一九世紀後半以降は瓶詰めの保存調味料として売られている）、酢、ケチャップで自ら味付けるという、料理人の責任放棄ともいうべき現象が蔓延することとなった。

表1　19世紀初頭まで多用され、その後のレシピから消失した食材

野生鳥獣など	鹿、白鳥、鳩、ウサギ、キジ、雷鳥、去勢肥育鶏(capon)
山野の漿果類、核果類	ブラックカーラント、バーベリー、レッドカーラント、プルーン、ブルーベリー、グズベリー、干しぶどう
菜園の香草や豆およびそれらの派生品	セージ、ニンニク、フェンネル、クレソン、るりぢさ、ローズマリー、セイバリー、すいば・かたばみ、からしな、たんぽぽ、オールドガーデンピーズ、干しえんどう豆、ローズウォーター
醸造酒・その加工品	りんご酒(cider)、サイダービネガー、ワイン、ワインビネガー
おもに南方から輸入された香辛料等	生姜、サフラン、シナモン、ナツメグ、メイス(ナツメグの仮種皮)、丁字、アーモンド、アニス、キャラウェー、甘草、黒胡椒、白胡椒、オレンジ、レモン、マンダリン、アンチョヴィ

表2　近世・近代・現代を通じて多用されている食材

大量生産野菜	人参、セロリ、玉葱、リーク、キャベツ、じゃがいも(17世紀頃から)
牧畜・養鶏産品	子牛肉、牛肉、子羊肉、羊肉、鶏肉、獣脂
乳製品など	バター、クリーム、塩、パン粉

表3　19世紀中葉以降新たに(あるいは大量に)使われ始めた食材

工業製品	レモンエッセンス、ゼラチン、瓶入りグレービー、マッシュルームケチャップ、ハーヴィーのソース、レイズンビーのアンチョヴィエッセンス、リービッグ社の肉エキス、固形スープ、瓶詰め杏ジャム、ソーセージ、ベーコン、ハム、マーガリン
トロール漁業産品	タラ、カレイ、オヒョウ(halibut)
東インド産品	長粒米、カレー粉
表記の変わった物	胡椒(‘pepper’／黒白等の区別の消滅)、魚(‘any kind of fish’)

以上のように一九世紀前半にイギリスの食は三つの指標の点で多様性を失った。それをここでは「食文化の衰退」と表現することにしよう。これは経済的な貧困化とは別の現象である。食文化衰退以前のイングランドには、中世以来、実に豊かな食の伝統があった。特に、一八世紀のイギリス料理は多様多彩で、中世以来の伝統を受け継ぎながら、在地と外来のさまざまな食材と種々の調理方法を駆使する高みに達していた。

表4はその一例である。川カマス（pike）のガレンタイン・ソース添えは一五世紀中葉のレシピで、内陸部でも夏場には容易に入手できる大型淡水魚の川カマスを主食材に用いる。淡水魚は、当時の人々にとって重要な動物性タンパク質であると同時に、祭りの食卓に変化を与える重要な食材だった。現在のイギリスでは鱒《ます》以外は顧みられないが、ヨーロッパ大陸では川カマスは多用されている。次のサラダも一五世紀のレシピで、ドレッシングは植物油、酢、塩だけの単純なものだが、まず油で和えて、食べる直前に酢と塩をかけるというように、生野菜の食感と風味を引き出す工夫がなされている。

スコッチ・コロップス（一七世紀末）は羊の薄切り肉の炒め煮である。バターで薄切り肉を軽く炒め、そこへニンニク以外の他の材料を入れて数分加熱する。ニンニクを擦り付けて温めた皿に盛り付ける。羊の薄切りさえ用意しておけば（「半クラウン硬貨の半分の厚

表4　19世紀初頭までに消滅したイギリス料理の例

料理名 食　材	**川カマスのガレンタイン・ソース添え** 川カマス、モルトビネガー、ピクルス用の香辛料、月桂樹の乾燥葉、ライ麦パンのくず、白ワイン、白ワインビネガー、シナモン、黒胡椒、玉葱、ひまわり油
料理名 食　材	**サラダ** スプリング・オニオン、パセリ、リーク、セージ、小玉葱、るりぢさ、玉葱、ミント、フェンネル、クレソン、ニンニク、すべりひゆ、ローズマリー
料理名 食　材	**スコッチ・コロップス** 羊の薄切り肉、バター、赤ワイン、酢、玉葱、ナツメグ、レモン、アンチョヴィ、ホースラディッシュ、牡蠣（あれば）、ニンニク
料理名 食　材	**鹿肉の壺焼き** 鹿の肩肉（脂肪付き）、バター、小麦粉、塩、黒胡椒、粉メイス、粉クロウヴ、砕いたナツメグ、アンチョヴィ切身

さに切る」技術は並大抵ではない）、数分でできる料理だが、手早さと絶妙の火加減を要求される。この中華料理のような瞬間芸的な調理法も、後のイギリスでは消滅した食の技法である。赤ワインと酢のソースはアルプス以北のヨーロッパでは肉（殊に内臓）料理にしばしば用いられる基本的なものである。鹿肉の壺焼きは一八世紀中葉のレシピで、野生鳥獣料理の最も豪華な食材である鹿肉（venison）の保存料理である。野生鳥獣（game）を用いた料理は現在の日本ではジビエ（gibier）などとフランス語で呼ばれるが、イギリスではほとんど消失してしまった。三〜四時間、低温のオヴンで、バターとパイ皮で蓋をした壺に入れて加熱することで、鹿の

風味を維持しながら、柔らかく調理する。加熱後は、鹿の臭みを残さないために壺の中から肉を引き上げ、別に保存する。酢漬け野菜とともに供する。主人は鹿肉を入手できる猟場ないし財力を有することを自慢する。一八世紀の鹿肉料理では赤ワインと酢で煮込んだシチューもある。

これらはヨーロッパ大陸のアルプス以北の地域（地中海沿岸の植物油食文化圏に対して、獣脂食文化圏に属する）の料理に似ており、衰退以前のイギリス料理がヨーロッパと連続した食文化の中にあったことを示す。大陸には現在までさまざまに個性的な食文化があるのに、イギリスがそれを失った原因は何だろうか。

なぜ「まずく」なったのか？

食を需要側と供給側に分けて考察してみよう。誰でも何かを食べるのだから需要側にはあらゆる人が含まれるが、ここでは、日常の簡素な食事とは区別して、その地域・時代の個性を代表する食、すなわち祝宴やクラブ、レストランなどで供される正餐《せいさん》（dinner）に限定して考える。イギリスではこうした贅沢《ぜいたく》な食の主たる需要者であった富裕層は、一七世紀中葉の革命と内乱の時期を除けば、ほとんど衰退していない。貴族や大地主などの伝統的・在地的富裕層が残存しただけでなく、一八世紀以降の経済成長の結果、都市にも商業的な富裕層が、一九世紀以降は産業的な富裕層も存在するようになった。富裕層は衰えなかったし、彼らは食に対する支出を惜しまなかった。夥《おびただ》しい料理書の出版、豪華な厨房と調理器具の設置、外国人シェフの招聘《しょうへい》、有名なレストランの隆盛、さらにメディアにおける食に関する記事・番組など、食への関心の高さは近世から現在まで一貫している。

では、誰が正餐を供給したのだろうか。貴族や富商の食事はむろん彼ら自身が作ったわけではない。宮殿・邸宅やレストラン・クラブで富裕層のために調理をした料理人は例外なく下層階級か、中産階級の下層の出身である。では、富裕ではない生まれ育ちの者たちはいかにして豪華で豊かな食文化を生み出すことができたのだろうか。衰退以前と衰退以降との比較、および大陸との比較を通じて検出される相違は、暦の中に祝祭が位置付けられたか否か、そうした祝祭を維持してきた「村」と「祭り」が存続し続けたか否かである。

イギリスも他の先進社会と同様に農業革命を経験している。農業革命とは、産業革命に先立って（あるいは同時進行して）、農業生産性を向上させた変革である。イギリスでは、第一にクローバー栽培や有畜輪作など農法上の変化、第二に借地大規模農場経営や三分割制（大土地所有者、資本家的農場経営者、農業労働者の三階級より成る農業）など農業経営形態の変化、第三に議会囲い込みや共有地（commons）の私有化など土地制度の変化である。農業革命がなければ、増える商工業人口を養えないので、産業革命には必ず農業革命がともなわざるをえないのだが、そのあり方は国によって異なる。ここで問題なのは、一八世紀後半〜一九世紀前半の農業革命がイギリス農村に与えた、緩慢だが不可逆的な変化である。

議会囲い込み以前のイギリス農村では農民は共有地に入って果実、野生鳥獣、魚、キノコ等を採集する入会権《いりあい》を有していた。共有地は表1に見られる多彩な在地食材の宝庫だったのだが、囲い込みによって共有地が私有化されると、入会権が消滅し（無断で立ち入れば不法侵入、そこで何かを採集すれば窃盗に当たる）、下層農民にとって在地食材の利用可能性は大幅に低下した。さらに、囲い込みによって中小規模の自営農が衰退し、彼らの土地は大地主に集約された。その土地を借りて大規模農場経営を行う農業資本家が発生し、その農場では農繁期に農業労働者が雇用され、農閑期には解雇された。こうして、年間を通じた生活の場としての農村は消滅し、小農の菜園・庭畑地（これもまた在地食材の宝庫）は荒廃した。自分の菜園で注意深く栽培したものならいざ知らず、どこの誰が作ったかわからず、それゆえ家畜・家禽の糞尿がかかっているかもしれない生野菜は生食可能なものではなくなった。サラダの消滅は「村」の消滅の端的な結果である。

変化は食材にとどまらない。かつて村では、年間を通じた居住のなかで、農事暦・教会暦の節目にさまざまな祭礼や結婚式などの祝宴が催された。こうした「祭り」は、貧しい人々が普段は接しえない珍しく高価な食材を使って、その土地の個性と季節性を活かした料理を作り、食べ、飲み、歌い、踊る重要な場で、領主・地主・有力者からのふるまいも宴を豪華にした。贅沢な食の需要者は富裕層に限定されていなかったのだ。

ところが農業革命により、資本主義的農場経営が導入されると、村も祭りも消滅し、下層階級が豊かな食と音楽・舞踏を経験し、その能力を涵養《かんよう》する機会も失われた。食の能力は学校や教科書では伝授しにくい。豊かな食を大人たちとともに作り、食べる現場を、幼い頃から祭礼のたびに何度も経験して、はじめて食の能力は涵養される。それゆえ、産業化の過程で村と祭りを破壊したイギリスは、培ってきた食の能力を維持できず、味付けや調理の基準も衰退して、料理人の責任放棄が蔓延《まんえん》することとなった。他国の農業革命はイギリスほど徹底的に村と祭りを破壊しなかったので、民衆の食と音楽の能力は維持されたのである。

衰退後のイギリス料理

土地の個性と季節性を活かした豊かな食が衰退した後も、政治家や実業家たちは、贅沢な食を必要としたから、代わりに「フランス」風の記号をまとった正餐が、ただし男だけの宴席で、隆盛することになった。都市では中産階級の女性たちを中心にティーが高度に発展した。日本で人気があるのは、諸種の茶葉や茶器、サンドイッチ、スコン、タルトなどの軽食、それに洒落た会話から成るティーである。サンドイッチに挟まれた薄切り胡瓜《きゅうり》はかつての生野菜サラダ——食が豊かだった時代——の記憶を微かに甦らせたものである。

一九五〇年代以降、バカンスを享受できるようになったイギリスの労働者はスペイン、ポルトガル、ギリシアなどの安価なリゾート地に出掛け、現地の料理に接するようになった。それから一世代を経て、その子どもたちの世代に新たな食を志向する動きが出現する。それがいわゆる〝Modern British〟である。自分たちの食を追求する試みと見ることができるが、この「新しいイギリス料理」は地中海沿岸のどこかにありそうな料理の模倣《もほう》の域を出ない。食の能力は教習しがたいだけに、真に個性的な食は容易には再生しないようだ。

小野塚知二（おのづか　ともじ）１９５７年神奈川県生まれ。東京大学大学院経済学研究

科第2種博士課程単位取得退学。博士（経済学）。専攻はイギリス経済史など。著書に『経済史　いまを知り、未来を生きるために』、『西洋経済史学』（馬場哲との共編著）、『クラフト的規制の起源　19世紀イギリス機械産業』など。

保護貿易が生み出した産業資本主義

中野剛志（評論家）

なぜ、十八世紀後半のイギリスにおいて、産業革命が起きたのか。

我々が高校の教科書で学んだ説明は、こうである。

――近代初期のイギリスでは、旧来のギルド制にしばられない問屋制や工場制手工業が発達し、大量の資本が蓄積されていた。また、大地主が効率的な大規模農場を営むべく、囲い込みを行ったため、多くの農民が土地を失い、豊富な労働力として潜在していた。十七世紀以来、自然科学と技術が進歩していた。石炭や鉄といった資源にも恵まれていた。こうした諸条件が結びついて、十八世紀後半のイギリスに産業革命をもたらしたのだ――と。

この教科書的な説明は、実は、「生産にあたって必要な要素は資本、労働、技術である」とする主流派（新古典派）経済学の成長理論に即している。

歴史は、理論とは無関係ではあり得ない。例えば、歴史家が産業革命を説明するためには、無数の過去の事実の中から、経済発展の因果関係を説明する理論に基づいて、産業革命の原因として重要と思われる事象だけを選び出さなければならない。

上記の教科書的な説明では、主流派経済学の理論に基づいて、当時のイギリスの資本と労働と技術が原因として選択されているのである。

逆に言えば、主流派経済学が説明できない事象は、産業革命とは無関係なものとして捨象されてしまうことになる。

「所有権」が要因？

近年、主流派経済学においては、所有権など制度やルールの安定性を確保することが経済成長にとって重要であるという理論が流行している。すると、歴史解釈にもその流行が反映されるのだ。

例えば、市場経済における制度の役割を明らかにした功績でノーベル経済学賞を受賞したダグラス・ノースは、「産業革命にとって決定的に重要な要因は、一六八八年の名誉革命によって所有権の安全性が確保されたことだ」という説を提示している。

十七世紀前半のイギリスでは、ステュアート王家が財政赤字を埋め合わせるために、独占販売や富の没収などを裁量的に行っており、所有権の安全は確保されていなかった。この国王の恣意的な財政特権の行使に対して、議会勢力が抵抗し、国王との間で政治抗争が勃発した。この抗争は、最終的には名誉革命によって、議会勢力の勝利に終わった。その結果、議会の主権、財政問題の議会によるコントロール、司法の独立などの制度が確立し、所有権の安全性が増大した。所有権の安全性の増大は、資本コストの低下をもたらし、産業革命を可能にする経済成長の環境が整った。とりわけ重要なのは資本市場の急速な発展、いわゆる「金融革命」であった。これが、ノースの解釈である（ダグラス・C・ノース『制度・制度変化・経済成果』晃洋書房）。

この解釈の背景にあるのは、「市場のルールを整備し、国家による裁量的な介入を排除すれば、経済的な繁栄が約束される」という経済自由主義のイデオロギーである。イギリスの産業革命は、経済自由主義の正しさを歴史的に証明するものだというわけである。

しかし最近、複数の経済史研究が、このノースの説を否定しつつある。

例えば、グレゴリー・クラークによれば、イギリスの資本コストは名誉革命の後に下がってはいない。もちろん、所有権の安全性は産業革命の必要条件ではある。しかし、そうした安定的な所有権制度は、実は、イングランドやウェールズでは、名誉革命よりも早く、産業革命の二百年以上前から存在していたのである。したがって、産業革命の、より直接的な原因は、所有権以外の要素によって説明する必要がある（Gregory Clark, The Political Foundations of Modern Economic Growth: England, 1540-1800）。

「財政軍事国家」イギリス

パトリック・オブライエンは、近代初期のイギリスを巡る地政学的・軍事的な状況を重視している（Patrick O'Brien, The nature and historical evolution of an exceptional fiscal state and its possible significance for the precocious commercialization and industrialization of the British economy from Cromwell to Nelson）。

十七〜十九世紀初頭のヨーロッパでは、大国間の覇権戦争が繰り広げられ、地政学的に不安定な状況にあった。例えば、第一次英蘭戦争（一六五二〜五四年）、スペイン継承戦争（一七〇一〜一四年）、オーストリア継承戦争（一七四〇〜四八年）、七年戦争（一七五六〜六三年）、アメリカ独立戦争（一七七五〜八三年）、フランス革命戦争（一七九二〜一八〇二年）、ナポレオン戦争（一八〇五〜一五年）などである。

このため、ヨーロッパ各国は、度重なる戦争を遂行するため、税、負債あるいは信用によって戦費を調達する必要に迫られていた。

当時のヨーロッパ諸国を支配した王侯貴族あるいは富裕階級は、地方の有力者に徴税を委託する徴税請負という分権的なやり方によって、財源を確保していた。しかし、このような分権的な徴税システムの下では、戦費を効率的に調達することは容易ではなかった。

例えばフランスでは、戦費調達のための増税が、貴族など諸勢力の抵抗により難しかったため、官職の売却や徴税請負といった脆弱な財源を当てにした借入れに依存せざるを得ず、デフォルトが多発した。そのため、フランス政府の信用度は低く、資金の調達コストは著しく高いものとなった。当時のフランスは絶対王政下にあって強大な権力を有していると考えられがちだが、その財政権力は実際には著しく制約されていたのである。

こうした中、イギリスは、十七世紀後半から、他国に先駆けて、効率的に戦費を調達できる近代的な財政機構の形成へと歩を進めた。その要因は、一六六二年から一六八八年までのイギリス国内の内乱や革命にあったとオブライエンは論じている。

すなわち、ピューリタン革命による王政の断絶やそれに伴う内乱によるトラウマから、イギリスの支配階級の間では、より強力で中央集権的な国家によって政治的な安定を維持し、海外における商業権益を確保すべきであるという政治的な合意が形成された。

そして、革命後に復活した王政（ステュアート朝）は、従来の分権的な徴税請負を廃止し、それに代わって、より専門的で効率的な徴税を可能にする、近代的な官僚制度の原型となる行政機構を形成していった。旧体制における封建貴族や教会、ギルドの特権が、ピューリタン革命による共和政や内乱によって弱体化していたことも、近代的な国家機構の形成に貢献した。

こうしてイギリスは、近代的な徴税制度をいち早く確立し、税収基盤を確保したことで、他のヨーロッパ諸国より容易に公債を発行できるようにもなった。その結果、イギリスは、より大きな軍事費負担に耐え得るようになり、フランスなどとの戦争において優位に立ち、覇権国家としての地歩を築いたのである。

産業革命をいち早く実現した当時のイギリスとは、ジョン・ブリュアーが「財政軍事国家」と呼ぶように、効果的な財政機構を有する強大な軍事国家であったのである（ジョン・ブリュア『財政＝軍事国家の衝撃―戦争・カネ・イギリス国家1688-1783』名古屋大学出版会）。最近の歴史研究は、イギリスの政府支出は、一六八八年から一八一五年にかけて、軍事費を中心として飛躍的に拡大していると推計している。

また、複数の歴史家が、当時のイギリスの税負担は絶対王政のフランスやスペインよりも重かったことを示している。当時のイギリスに経済的成功をもたらした要因は、経済自由主義者が信じるのとは異なり、小さな政府と低い税負担ではなかったのである（Ronald Findlay and Kevin H. O'Rourke, Power and Plenty: Trade, War, and the World Economy in the Second Millennium）。

対仏戦争と中央銀行

より具体的には、財政軍事国家は、次のような経路を通じて産業革命を演出した。

第一に、イギリスでは金融革命が先行して産業革命を準備したが、この金融革命には戦費調達のために大量の国債が発行され、流通したことが大きく寄与していた（楊枝嗣朗「信用貨幣と国家」）。特に、一六九四年にイングランド銀行が創設されたことは金融革命にとって決定的に重要であるが、その直接の契機となったのは一六八九～九七年の対仏戦争である。

すなわち、イングランド銀行は、巨額の戦費を調達しなければならない政府に対して百二十万ポンドを八％の金利で貸し付けるかわりに、資本金の範囲内で銀行券を発行する組織として設立されたのであった。

イングランド銀行はその圧倒的な規模から特別な存在となり、一六九七年の法律によって銀行券の発券業務の独占を強めた。また、イングランド銀行券と同行の預金は、国家への納税などの支払いに受け取られるようになり、国家の貨幣と同等の地位を認められるようになった。

一般の銀行も次第にイングランド銀行券を使用し、同行に預金口座を開設するようになり、イングランド銀行は「銀行の銀行」すなわち中央銀行としての地位を得ていった。

こうしてイングランド銀行を頂点とする、信用貨幣（銀行券や銀行預金）による全国的な支払い決済システムが構築された（David Glasner, An Evolutionary Theory of the State Monopoly over Money）。

十八世紀のヨーロッパで、このように発達した信用制度をもつ国はイギリス以外にはなかった。この全国的な支払い決済システムにより、工業地域は資本が豊富な農業地域から潤沢な資金を調達することができるようになった。特に産業革命の初期の段階においては固定資本よりも運転資本の方が重要であったため、銀行信用の果たした役割はなおさら大きかったのである（David S. Landes, The Unbound Prometheus: Technological Change and Industrial Development in Western Europe from 1750 to the Present）。

第二に、相次ぐ戦争によって膨張する軍事需要が工業化の触媒となった。例えば、軍による画一化された軍服の調達は、繊維産業に需要を提供した。より重要なのは製鉄と石炭である。イギリスは、軍事戦略的に重要な製鉄業に対して特別の許認可を与えて、これを振興した。その結果、軍備や造船のために消費される銑鉄は一七〇〇年には一・三〜一・四万トンであったのが、一八〇六年までには二十五万トンにまで増大した。そして、この製鉄需要の増大は、エネルギー源を従来の木や木炭から石炭へと転換するのを促進した。石炭の利用は、産業革命において中核的な役割を果たしている。もし軍需に牽引された製鉄需要の劇的な拡大がなければ、石炭の利用はもっと遅れていたであろう（Gautam Sen, The Military Origins of Industrialisation and International Trade Rivalry）。

第三に、イギリスは、その財政機構が可能にした強大な海軍力によって、海外の市場や植民地を獲得し、そこからも資金を調達することができるようになった。

保護貿易下の「革命」

ただし、イギリスが貿易によって経済的な成功を収めたということは、自由貿易政策を採用したということを意味するものではない。むしろ、その反対である。

イギリスの産業革命と言えば、水力紡績機（一七六九年）、力織機（一七八五年）、蒸気機関（一七六九年）など、紡績・織布・動力における機械の発明によって木綿工業などが発展し、世界市場を席巻したものと考えられている。

それ自体は間違いではないが、他方でイギリスは、それらの新技術が発明される前の一七五〇年までには、繊維製品の生産において、インドを除く他の国々をすでに圧倒していたのである（Patrick O'Brien, Trevor Griffiths and Philip Hunt, Political components of the industrial revolution: Parliament and the English cotton textile industry, 1660-1774）。しかもそれは産業政策と保護貿易によるものであった。

一七二一年、ロバート・ウォルポール首相は画期的な関税法の改革を行い、それ以降、製造業を振興する政策を次々と打ち出していった。第一に、製造業の原料に対する輸入関税の引き下げや撤廃を行った。第二に、輸出産業用の輸入原料に対する輸入関税の払戻金を増やした。第三に、ほとんどの製造業に対する輸出課税を廃止した。第四に、工業製品に対する輸入関税を大幅に引き上げた。第五に、絹製品や火薬に対して新たな輸出補助金を導入し、帆布や精糖に対する輸出補助金を増額した。第六に、工業製品、特に繊維製品に対する品質管理規制を導入した。

これらの産業保護・振興政策に続く十八世紀後半の産業革命により、イギリスの製造業は他国と大きく差を付けた。それにもかかわらず、イギリスは、保護貿易と産業政策を継続した。例えば、工業製品に対する輸入関税は、一八二〇年代まで四五~五五%と、どの国よりも高水準であった。また、アイルランドからの羊毛製品やインドからの更紗など、国内産業を脅かすような製品を植民地から輸入することは禁止された。

もっとも、イギリスの製造業の優位は一八一五年までには確立し、その後は国内から貿易自由化に対する要望が高まっていった。一八四六年の穀物法の廃止は、イギリスの自由貿易政策への転換を象徴する出来事である。とは言え、イギリスが自由貿易政策へと本格的に舵を切ったのは一八五〇年代に入ってからであった。

このように、イギリスは、技術的な主導権を確立した後になって自由貿易政策へと転換したのであって、それまでは国内産業を保護していたのである(ハジュン・チャン『はしごを外せ―蹴落とされる発展途上国』日本評論社)。産業革命は、保護主義の下で実現したのである。同じ頃、イギリスとは対照的に自由貿易政策をとったオランダの木綿産業は、世界市場におけるシェアを失ったのであった。

このように、イギリスの産業革命は、所有権制度の下で市場経済により自生的に起きたのではなかった。それは、地政学的な紛争や内乱の中で生じた財政軍事国家が金融革命を誘発して資本市場を発達させ、強力な軍事力によって海外市場を確保し、さらに保護貿易と産業政策によって国内産業を育成した結果であった。経済自由主義の通説とは逆に、中央集権国家による強力な経済介入が産業資本主義を生み出したのである。

産業革命の弊害

この産業革命によって成立した産業資本主義は、今日にまで続く様々な弊害をもたらした。労働者は劣悪な環境で過酷な役務を強いられるようになった。生産の機械化は供給過剰を慢性化させ、デフレーションによる失業や貧困といった経済病理をもたらした。供給過剰を解消するため、あるいは工業に不可欠な天然資源を確保するため、各国は軍事力を増強して海外市場や植民地の獲得競争に乗り出し、帝国主義的な紛争を激化させたが、これは第一次世界大戦の経済的な要因となった。

産業革命を用意した金融革命は資本主義を不安定化させ、一七二〇年の南海泡沫事件を皮切りに、周期的な金融危機を引き起こすようになり、ついには世界恐慌が勃発し、第二次世界大戦を誘発した。こうした産業資本主義の矛盾から、社会主義・共産主義といったイデオロギーが生まれ、後に東西冷戦をもたらした。それは、核戦争による人類滅亡すら引き起こしかねない危険な事態だった。さらに産業資本主義は自然環境を破壊し続け、今では地球環境全体を脅かすようになっている。

十九世紀以降に顕在化し、深刻化したこうした諸問題を克服しようとしてきたのは、国家であった。各国は労働規制や社会政策によって労働者を保護するようになっていった。

二十世紀になると、国家が財政金融政策により失業や貧困の問題を解消しようとするケインズ主義的な経済運営が導入され、福祉国家も登場した。中央銀行は金融危機時に流動性を供給する「最後の貸し手」として機能するようになり、恐慌を阻止できるようになった。環境規制は次第に強化されつつあり、環境問題を解消するための技術開発もまた国家主導で進められている。いずれの政策も未だ不完全なものであるとは言え、これらの諸問題を解決できる最も有力な主体は依然として国家であることは否めまい。

産業革命を生み出し、産業資本主義をもたらしたのは強力な国家であったが、その弊害に対処できるのもまた国家の力なのである。

中野剛志（なかの　たけし）　1971年生まれ。東京大学教養学部卒業。元京都大学大学

院准教授。『富国と強兵　地政経済学序説』、『国力とは何か　経済ナショナリズムの理論と政策』など著書多数。

アヘン戦争　大清帝国vs.大英帝国

平野聡（東京大学大学院教授）

アヘン戦争に至る英国側の事情として何と言っても無視できないのは、産業革命ならびに自由貿易の進展であろう。

英国東インド会社は17世紀以来、インドから大量の綿織物を調達して西アフリカに輸出し、そこで奴隷を調達のうえ北米・西インド諸島に売り、砂糖やコーヒーなどの嗜好品を購入する「大西洋三角貿易」を展開していた。やがてフランスに対抗する必要から徐々にインドを囲い込み、1757年の「プラッシーの戦い」でインド獲得に成功した。いっぽう、富の源泉たる綿織物を効率よく国産化する試みが、18世紀後半になると産業革命として結実した。

こうして英国の生活水準が高まると、嗜好品としての茶への需要が高まった。18世紀後半、北米植民地の独立運動に直面した英国は、茶に重税を掛けることで戦費を調達しようとしたものの、世論は単に強く反発したのみならず、東インド会社が茶を独占貿易すること自体が激しく批判されるようになった（その急先鋒が、アダム・スミスら自由主義者であった）。この結果、東インド会社は商業活動から次第に手を引き、インド政庁へと改組していった。

そして清との茶貿易は次第に零細な地方貿易業者（Country Trader）が担うようになった。彼らの活動は英国によるペナン・シンガポールの領有など、東南アジアでの拠点確保とともに拡大の一途をたどり、南洋華僑の商業活動とも強く結びつくようになった。

ところが、英国側が清から茶を調達するにあたり、彼らが売りたい綿製品は決済手段たりえなかった。中国大陸が今も昔も繊維産業の本場であることを考えれば当然の成り行きであろう。そこで英国側は清に銀を渡し続けたが、これは加速の一途をたどる産業革命の原資を著しく流出させることを意味し、東インド会社批判の重要な論点にもなった。そこで代わりの決済手段としてインド産のアヘンが選択され、１８２０年頃の輸出額約１００万ポンドが１８３５年頃には約４００万ポンドと激増し、やがて清から銀が流出した。

揺らぐ清と沿海民の関係

これに対し、清の側にはどのような社会・経済秩序が存在し、どのような対応がとられたのか。

清は騎馬民族である満洲人が建国した国家であり、内陸アジアに重点を置いた政治を行う一方、海域を通じてつながる対外関係については明のそれを踏襲し、朝貢関係を展開していた。「天下」＝世界全体は皇帝が統御し万物を育むべきであるものの、現実には様々な国々に分かれている。そこで、皇帝の呼びかけに応じて朝貢した国のリーダーを国王に封じ、莫大な経済的利益をもたらすことができれば、結果的に皇帝の面子が保たれて恩恵があまねく行き届き、「天下」は安定すると考える。

朝貢関係を安定させるためには、朝貢国の王に確実に利益を得させ、皇帝の深い恩を痛感させることが欠かせない。そこで対外貿易からはなるべく民間人の自由な活動を排除し、厳格に管理する必要がある（海禁）。しかし明は厳格に過ぎたため、行き場のない沿海商人が往々にして日本人中心の武装商業集団＝倭寇に加わり、明の疲弊の一因となった。

そこで清は、建前として朝貢関係を重視する一方、民間の対外活動についてはいくつかの港を指定して管理しつつ、ダイナミズムを認めることにした。また東南アジア方面からの外国船の来航については、朝貢貿易に準じた扱いとして管理し、仲買業者（牙行《がこう》）のうち有力な者を指定して対外貿易の責任（貿易額の保障や関税徴収）を負わせる代わりに、貿易上の特権を認めることにした（公行《こうこう》という）。そして1757年以後、西洋船はすべて広州（粤海関《えつかいかん》）に入港させることとした。この管理貿易枠組みをカントン（広東）システムと呼ぶ。

しかしこの制度は決して周到なものではなかった。特権業者＝公行はしばしば、清の官僚から無理な要求（皇帝に献上する珍奇な物品の提供要求）を受けたほか、零細貿易商や一般民による関税逃れの密貿易が横行するなかで十分な利益や関税収入を挙げられず、次第に経営が行き詰まり、零細業者へと分割されていった。この結果、西洋と清との貿易は、どちらもより零細な業者が担う自由貿易に近づいていき、清は関税収入の減少や管理の弛緩を問題視するようになった。とはいえ出先の官僚は、往々にして賄賂に染まって関税逃れを見逃し、19世紀半ばには貿易秩序の混乱と官の腐敗がきわまった。

このような状況に、アヘンの急激な流入と中毒患者の激増、そして銀の流出による深刻な貿易赤字が重なり、清は断固秩序を回復する必要に迫られた。そこで清が最終的に採用したのは、アヘン厳禁によって劇的に社会全体の緊張感を高め、末端への管理を回復させようとする改革派官僚・林則徐の主張であった。

要するに、清の側からみたアヘン問題とは、勿論《もちろん》アヘンそのものの問題でもあったものの、それ以上に「官の管理」という建前とアナーキーな現実との乖離をどうするのかという問題でもあった。これは「上に政策あれば、下に対策あり」という表現がはびこる「自由」な現代中国社会と、それを何としてでも管理・統制しようとする中国共産党の関係と近似である（以上、19世紀に至る英清関係や海域の動向については、上田信『海と帝国』、村上衛『海の近代中国』が詳しい）。

アロー号戦争と近代国際関係

とはいえ英国側は最早、清が再強化を図った管理貿易を受け容れるつもりはなかった。ただでさえ、英国が対等な自由貿易を求めて清に送ったマカートニー使節団（１７９３年）、及びアマースト使節団（１８１６年）が拒否されていたのみならず、アヘン貿易を止めることはアヘン・茶・綿織物の三角貿易を崩し、英国経済に大打撃が生じることを意味していたからである。

このような抜き差しならない対立の果てに、林則徐は広東でアヘンを焼却し、対する英国は１８４０年に戦端を開いた。その結果は、近代兵器の古典的火器に対する圧勝であり、１８４２年の南京条約による沿岸部五港の西洋船に対する正式な開放（条約港）、特権商人=公行の廃止、そして香港島の割譲であった。英国をはじめ西洋諸国はさらに、清に対して領事裁判権、ならびに条約港の外国人居留地を諸外国の自主管理によって運営することと=租界設置を認めさせたほか、1854年には関税率を英国人が決定する「外国人総税務司」制度を創始した。

以上の内容について、近代国家主権の立場から「帝国主義列強の圧迫」と呼ぶのはたやすい。しかし、清がこの時点で近代的価値観を受け容れていたわけではない。清は英国をはじめ西洋との関係について、南京条約後も依然として清と対等ではないという立場から「夷務《いむ》」と呼び続けた。

領事裁判権や外国人居留地=租界の運営権についていえば、あらゆる人間には皇帝の恩恵の浸透度合いによって「教化」の違いがあり、その段階が劣る「夷狄」については、清の法規範（大清律令）ではなく彼ら固有の法規範に則って管理されることが当然であった。

関税収入を外国人が仕切るという点についても、自由貿易の永続をあくまで望む英国と、貿易・関税秩序を回復しようとする清が共通の利害を見出した結果である。実際、双方が納得のゆく関税率が設定されたため、アナーキーな貿易の中で地方官に賄賂を渡すだけで済ませていた英国側の商人がむしろ不満を抱いたほどであった。

このように、英国はこと清との関係について言えば、征服し支配するのではなく要求して関与するという手法をとった。アヘン戦争そのものは確かに、不道徳な商品の売買を争点としており、筆者もその意味において英国の側に著しい道義的問題があると考える。とはいえ、英国がこの時期次第に顕在化させていった「自由貿易帝国主義」は、関与した土地のすべてを植民地化しようとしたわけではなく、清や日本・シャムのように強大な国力や高い交渉力を有する国については、(多少の戦争や脅迫を伴いながらも)英国・西洋の流儀こそ政治的・経済的な関係の維持拡大に有利であると認識させることに力を注いだ。現に日本やシャムは、その過程で曲折を伴いながらも、次第に近代国家として脱皮することに成功した。

では、清ならびに近現代中国の場合にはどうであったか。結論からいえば、清、そして近代中国も、程度の差こそあれ日本・シャムと同じである。しかし、とくに日本の近代と比べて西洋に対する意識が相当異なるのは、「文明の自尊心」を保つという点で彼らが心に負った傷が大きく、その道程が波乱に満ちていたためである。

とりわけ英国は、清に対して条約港での自由貿易を認めさせたのみならず、全ての独立主権国家が少なくとも建前上は国際法の下で平等であるというウェストファリア条約(1

648年）の精神を何としてでも清に受け容れさせ、清の皇帝を中心とした国際関係観を否定しようとした。

この点は、1842年の南京条約では持ち越しとなり、清は「夷務」を続けているという認識であったため、英国は1856年に香港船アロー号の扱いをめぐって生じた紛争＝アロー号戦争（第二次アヘン戦争）で強行突破を図った。当時の清は「太平天国の乱」で著しく弱体化していたこともあり、英仏両国の前に為すすべもなかったものの、英国側が講和条件として掲げた「主権国家の平等」については、「天下の主」の立場に固執する主戦論が沸騰したため拒否した。

その結果、北京は総攻撃に直面し、乾隆帝が宣教師に造らせた洋風庭園「円明園」のほとんどが瓦礫に帰した。このことは、それまでの「中国文明が西洋を従えて愛玩する」立場が許されなくなったことを暗示している。

そして1860年に結ばれた北京条約において、清＝Chinaと西洋は完全に対等とされ、皇帝が「天下の主」として「夷狄」を従えるという世界観が崩壊しはじめた。

日清戦争、そして「抵抗の近代」へ

この動きに追い打ちをかけるのが、海を隔てていち早く近代国家主権・国際法の論理を身につけた日本ということになる。日本は、朝貢国が実質的には独自の内政と外交を営んでいる以上、それは国際法上の独立国と異ならないとして、朝鮮と清の朝貢関係を否定しようとした。そこで日清対立が激化した結果こそ、1894〜1895年の日清戦争に他ならない。

下関条約を最後に、清、あるいは中国文明の継承者が「天下の主」であるという立場は否定された。のみならず、清＝Chinaの巨大さゆえに一目置いていた諸列強は、ここぞとばかりに清を勢力圏分割の餌食とした（清を植民地支配したわけではないものの、設定した勢力圏に他の列強が関与しないことを認めさせ、実質的な利権を獲得した）。

そして若手漢人エリートの多くは、19世紀末に一世を風靡した社会進化論（生物学上の優勝劣敗・弱肉強食が人類社会においても起こる、と説く）に触れると、中国文明は劣敗・淘汰の運命に直面していると直感した。

そこで、危機をもたらした張本人として、外来の満洲人皇帝や儒学中心の停滞した社会が槍玉に挙げられ、清末以後の中国ナショナリズムが爆発したのである。

先述の通り、アヘン戦争そのものは英国と清の双方における貿易構造や社会的問題が複合したものであり、その結論たる南京条約及びその付帯条約にしても、英国主導であるとはいえ英清双方にとっての通商環境の整序という側面が強かった。したがって厳密にいえば、アヘン戦争をきっかけに中国文明が不幸の淵に叩き落とされたわけではない。

しかし、それ以来20年を隔てずして北京条約、さらに約半世紀後には下関条約を受諾させられたことで、清、あるいは中国文明は間違いなく斜陽に陥ったことも否定出来ない事実である。そうなった理由を後から考えたときにはじめて「歴史の画期としてのアヘン戦争」という認識が生じ、拡大再生産された。

チベット、香港をめぐって

かくも巨大な転換の契機をもたらした「帝国主義の圧迫」であるにもかかわらず、何故中国は英国を日本ほど糾弾しないのか。筆者のみるところ、近現代中国の国家建設と領域主権をめぐって、英国の存在はそれなりに「プラス」に働いているからであろう。

たとえば、清が近代的な考え方に少しずつ適応するきっかけをつくったのは、租界の西洋式学校で教育を受けた人々（条約港知識人）であった。また、太平天国の完全鎮圧によって平和な通商環境が回復されて以来、上海など条約港での関税収入は激増し、それを元手に清は軍事面での近代化に着手しはじめた。そこで、1870年代以後の政策決定者たち（例えば、日清戦争に至るまでの実質的最高権力者・李鴻章）は、貿易と近代化という点で清に寄与しつつある英国について、清の周辺環境を大いにかき乱していた日本・フランス・ロシアとは全く異なる「泰西商主の国」と呼び、肯定出来る存在ととらえ直していた。そして英国も、清および近現代中国を通商相手として重視するからこそ、たまに圧迫や自己主張をしても関係の破綻は避けた。

このことは、チベット問題や香港問題のような、今日しばしば噴出する敏感な問題の原因でもある。

英国は1870年代以後、英領インドからチベットを経由しての対清貿易ルートを切り開こうとした際、「北京がチベットに多大な影響力を有している」とみなし、まず北京に話を持って行った。しかし19世紀後半のチベットは、仏教徒ではない英国人が武力をひけらかして北上する情勢を嫌い、英国人を受け容れるよう求める北京の方針に猛反発した。この懸隔が、近現代チベット問題の源流となっている（拙著『清帝国とチベット問題』）。

ところがチベットでは20世紀に入ると、日本の富国強兵に刺激を受けた清が脱仏教を強要したのを契機に独立志向が高まり、１９１１年の辛亥革命で清が崩壊すると一転して英領インドを頼った。しかし英国は、対中利権を保つ立場ゆえにチベットの独立を認めることまではせず、チベットを「中国宗主権下の自治邦」と定義して中華民国の面子を立てるかたわら、実質的にチベットを勢力圏下とした。

蔣介石の国民政府が１９３０年に全国の軍閥を従えたのち、日本への抵抗における大後方としてチベットを完全に従属させようとすると、抗日戦争の援助元であった英国は、英国頼みな蔣介石の足下を見てそれを拒絶した。だからこそ蔣介石と中国ナショナリズムは、日本への怒りと英国への複雑な感情を強めた。

しかし英国は少なくとも、香港・九龍半島への植民地支配を除けば、主権がかかわる敏感な問題において、中国ナショナリズムの立場を完全に損ねたわけではない。そこで近現代中国は、英国が清・近代中国のチベットへの影響力を認めていたことを証拠に、チベットへの主権行使を正当化している。実は英国こそが、近現代中国の領域主権を裏書きする役回りを秘かに演じていた。

そして香港についても、毛沢東の革命外交に即していえば、中華人民共和国の成立とともに即刻回収するべきであるところ、英国は香港の保持を念頭に、１９５０年には「西側」としてはいち早く中華人民共和国を承認した。その後英国は、新界地区の租借期限（1997年）更新問題を機に、鄧小平が何としてでも香港を回収する強い意志を持っていることを顧慮し、香港を中国に返還したうえで、商業上の利益を引き続き保とうとしている。

英中関係のリアリズム

このように、英清・英中関係には単純に割り切れない利益や思惑の交錯があり、英国のアジアインフラ投資銀行（AIIB）参加もこの延長にあると思われる。

これに対し、日本の経済界などから不安が漏れているが、その背景には「英国は歴史的にも自由な政治・経済システムの担い手であるはずのところ、何故そのような英国が何事も不透明な中国と組むのか」という疑問もあるのではなかろうか。

しかし、ここまで見てきたように、英中関係を二項対立イデオロギー（「自由民主・権威独裁」「帝国・抵抗」「西洋・東洋」）で捉えること自体、日本人の歴史に対する見方にある種の偏りが生じていることを意味しているのかも知れない。結論から言えば、英国は往時と同じく、要求しつつ利益を得る対中関与を続けるのであろう。それは自ずと日中関係の錯綜と異なる。突然の変化に動揺することのないよう、まず我々自身が対外的なリアリズムを自覚し直す必要があるのだろう。

その上で初めて、あらゆる国際情勢の風雲にも耐えうる、21世紀の日本というものが現れるものと考える。諸々の国際枠組みについても、「他国が参加するから日本も」と浮き足立つのではなく、あくまで日本なりに世界史と現実に対するリアルな判断を積み重ねた上で、関与の程度を決めれば良いだけの話である。

（補足）二〇一五年に本稿を執筆して以来、中国が主導する「一帯一路」と、その金融面での裏付けであるＡＩＩＢには多大な問題があることが明らかになり、中国に対する国際的な警戒感が増した。いっぽう英国もＥＵからの離脱が順調にゆかず、英国の存在感に深刻な影響が生じつつある。そのような中、開かれた国際秩序を一貫して掲げる日本の真価がますます問われていると思われる。


平野聡（ひらの　さとし）　１９７０年生まれ。東京大学大学院法学政治学研究科博士課程単位取得退学。著書に『「反日」中国の文明史』、『清帝国とチベット問題　多民族統合の成立と瓦解』など。

インド　グローバルな亜大陸

脇村孝平（大阪市立大学大学院教授）

インド経済は、この数年、実に好調である。二〇一五年度、二〇一六年度と、実質GDP成長率は七〜八％が続いており、他のBRICS諸国の実績を上回っている。インドは一九九〇年代初頭の経済自由化政策の開始以来、約四半世紀の間、「高度成長」を持続してきた。

では、それ以前のインド経済の状況はいかなるものだったのだろうか。一九四七年の独立以来、インドは、貿易における保護主義、外資の制限、民間企業の規制など、内向きで統制的な経済運営を続けていた。筆者がインドに長期滞在した一九八〇年代の後半、変化の兆しはあったにせよ、まだ「貧困」と「停滞」という全般的印象は拭《ぬぐ》えなかった。

それでは、一九九〇年代の初頭に何が起こったのであろうか。端的に言えば、「閉鎖体系」から「開放体系」への変化が起こったということではないだろうか。それは、単に経済自由化をめぐる法律・制度の転換のみならず、より広く政治・文化・社会の次元にもおよぶ、人々のメンタリティ（精神）における変化を意味していた。

インドの歴史を超長期的に通覧してみると、この「開放体系」という言葉が実に適合的であることに気づく。その意味で、一九九〇年代以降のインドは、本来の姿に戻ったとも言える。

いささか駆け足であるが、いわば「一筆書き」の手法でインド史を概観してみることにしよう。

インダス文明とガンジス文明

古代の四大文明の一つであるインダス文明がその後のインドの歴史にどのようにつながったのかについては不明な点が多い。

しかし、少なくとも「多様性のなかの統一性」あるいは「統一性のなかの多様性」といったインド史の特徴・パターンは、既にインダス文明における「都市」の原理の中に確認される。

インダス文明は、「王様や一つの明確な中心を生み出すことなく、国家形成という中央集権的な道を選択することはなかった」という（小茄子川歩『インダス文明の社会構造と都市の原理』同成社)。

すなわち、地域の特質を活かしつつ、過度に中心性を発揮しないというインダス文明の「都市」の原理は、国家の機能と下位にある社会の機能がほぼ並立的に存在するという、その後のインド史に通底する特質・パターンを先取りしていたのではなかろうか。

インダス文明は、紀元前二六〇〇年ごろに現れ、紀元前一九〇〇年ごろに、忽然《こつぜん》と消え去ってしまった。その後、千年ほどの時間の間隔をおいて、ガンジス川の中流域に「ガンジス(ガンガー)文明」が成立する。このガンジス文明の成立は、その後のインド史を大きく規定するヒンドゥー教やカースト制の原型を形づくり、さらには仏教を生み出したという意味でも重要である。

このガンジス文明の形成の第一の条件は、紀元前一五〇〇年ごろに中央アジアからインド北部にやってきた遊牧民系の「アーリヤ人」の存在である。ただし、このアーリヤ人の侵入によってガンジス文明が劇的にもたらされたという理解は適切ではない。むしろ、先住の諸民族(ムンダ系の諸語を話した人々)との融合を経つつ、極めて漸進的に進行した過程と理解されるべきであろう。

第二は、インド亜大陸北部の自然地理的な条件である。インダス文明は、エジプト文明やメソポタミア文明と同様に、「アフロ・ユーラシア内陸乾燥地」に位置し、しかも同じく大河川（インダス川）の流域という条件によって特徴づけられている。他方、その東側に位置したガンジス川中流域は、いわゆる「モンスーン・アジア」に属し、インド洋からのモンスーンの影響を受ける湿潤地域に位置していた。

これら「アフロ・ユーラシア内陸乾燥地」と「モンスーン・アジア」の接触面で「ガンジス文明」が成立したという点が重要である。この地域で、乾燥地域の遊牧民系の人々と湿潤地域の農業民が出会い、その中から一つの文明が立ち上がったということに注目すべきであろう。その出会いにおいて、必ずしも「対立」や一方的な「浸透」が生じたのではなく、「融合」もしくは「混淆《こんこう》」が生じたと考える方が妥当である（田辺明生・杉原薫・脇村孝平編『現代インド1 多様性社会の挑戦』東京大学出版会。特に田辺執筆の序章を参照）。

さらに強調しておきたいことは、ガンジス文明が、およそ紀元前六世紀ごろに、人類史上「初めて」と言ってもよい熱帯における人口稠密《ちゅうみつ》社会を造り上げたという点である。夏季の高温に加えて、モンスーンと大河川の豊富な水が稲作を可能にし、異例に豊富な人口を抱え持つ諸都市の存在を可能にしたのである。

このような都市国家群の中から、アショーカ王のマウリヤ帝国（紀元前三一七〜紀元前一八〇年）のような存在が現れた。紀元前の時点で、中国北部の黄河流域と並ぶような人口稠密な文明を築いたことは、インドの歴史の確かな礎となったのである。しかしその後、十二世紀ぐらいまでは、グプタ朝（三二〇～五五〇年頃）を除くと、広域にわたる国家は生まれず、比較的小国が分立するような状況が続いた。

「イスラーム」というグローバル化

インド史の原型を形づくったガンジス文明は、中央アジアからやって来たアーリヤ人と、先住民との融合・混淆の中で形成されたが、その後のインド史においても同じパターンが繰り返し見られた。ギリシャ人、スキタイ人、パルティア人、フン人などが、北西方向からやって来て様々な文化的影響をもたらしたのである。

七世紀に始まるイスラームの浸透も同様である。ただし、イスラームの勢力がインドで本格的に政権を樹立するのは、十三世紀初頭に始まる「デリー・スルターン朝」以降である。デリー・スルターン朝とは、奴隷王朝、ハルジー王朝、トゥグルク王朝、サイイド王朝、ローディー王朝という五つの政権を指すが、いずれも政権の担い手が中央アジアから来たトルコ系、アフガン系、さらにはペルシャ系の人々であった。これらの人々は、既にイスラーム化していたため、結果的に彼らがインドにイスラームを持ち込むことになったのである。

これらの政権は、いわゆる「征服王朝」であるが、現地住民の圧倒的多数がヒンドゥーである以上、イスラームの浸透は、威圧的な支配によるというよりも、プラグマティックなものであった。したがって、イスラームの信仰とヒンドゥーの信仰は排他的に対立するというよりも、「両立的」、「併存的」なものであった。

この時代のインド亜大陸、特に北部は、陸上交易ルートを通じて、中央アジアと密接に結びついていたが、インド亜大陸の南部の東西両沿岸部は、インド洋海域世界と結びついていた。かくして海からのイスラームの影響も大きかった。概していうならば、イスラームはこの時代の「グローバル化」にほかならなかった。イスラームを通じて、ヒト・モノ・カネが移動すると同時に、法・科学・技術などの知識も導入されたのである。

この時代の「イスラーム」というグローバル化を体現した人物が、モロッコ出身の大旅行家イブン・バットゥータである。彼は、一三三〇年代にロシア南部から中央アジアを経由してこの地域にやって来た。インドに八年間滞在したが、イスラーム法学者としての能力を買われて、トゥグルク王朝の宮廷に仕えた。彼の旅行記こそまさに、この時代のインドが開放的な空間であったことを示す一つの証左であった（イブン・バットゥータ『大旅行記5』平凡社、家島彦一訳）。

ムガル帝国の「開放性」

十六世紀の前半に始まるムガル帝国（一五二六〜一八五八年）は、まさにその「開放性」のピークであったとも言える。特に十七世紀は、オスマン帝国、サファヴィー朝ペルシャもともに繁栄していたので、広域にわたる政治的安定が相互の交易を可能にし、インド洋の交易はますます盛んになった。言うまでもなく、その担い手は、インド系、アラブ系などの商人である。

インド亜大陸は、「インド洋世界経済」の中心であった。それに加えて、ヨーロッパの商業勢力の参入がインド洋交易の更なる発展をもたらした。十六世紀にはポルトガル船、さらに十七世紀と十八世紀にはオランダ東インド会社およびイギリス東インド会社の商船の活動が著しかった。特にヨーロッパの商船が、この地域の特産物である綿製品を調達するために、この海域に銀を持ち込んだことが大きかった。十六世紀以来、新大陸（ラテンアメリカ）の銀がスペインを通してヨーロッパに持ちこまれ、さらにインド洋海域に大量の銀がもたらされた。

こうして、ヨーロッパの商業勢力を通じて、インド亜大陸は、地球規模のグローバル化の中に位置づけられることになったのである。

この時代、陸上交易を通じて、中央アジアやイランとの結びつきが強く、物資の移動のみならず、人の移動も盛んであった。多数のインド系商人が、中央アジア、イラン、ロシアなどに拡散・居住し、ネットワークを構築したのである。ちなみに、ムガル帝国の場合も、宮廷に仕えた貴族官僚の中に多数の中央アジアおよびイラン出身者がいた。

ムガル帝国の時代もまた、イスラームの時代であったが、それによってヒンドゥーの信仰が抑圧されたわけではなかった。実際、ムガル帝国の支配層には、ヒンドゥーを含む多くの非ムスリムが加わっていた。その意味で、多様な出自の人材が重用されていたのである。この時代、イスラーム、ヒンドゥーを問わず、多文化が重なり合いつつ、爛熟した文化が創造されたと言ってよい。

イギリスに加担した「協力者」

イギリスによるインド支配の端緒となるプラッシーの戦い（一七五七年）は、奇妙な戦いであった。詳しく述べる紙幅はないが、多勢に無勢のはずであったクライブ率いるイギリス側の軍勢が、ベンガル太守軍に大勝したのは、太守軍の中に裏切り者が出たことが大きかった。軍事的な裏切り者だけではなく、イギリス側に加担したのは、ベンガルの有力商人たちであった。むしろこちらの方が影響は深刻であったといえる。

このプラッシーの戦いが象徴的に示すのは、英領期の初期にしばしば見られる「協力者」の姿である。「協力者」とは、商人・軍人・官僚など、イギリスの支配に協力した人々を指す。人口比で見たらはるかに小国のイギリスが、大国インドをなぜ支配できたのかを考えるとき、この「協力者」の存在の意味するものは大きい。

確かに、後のインドの民族主義の観点からすれば裏切り者に他ならないが、むしろそれは後知恵というものだろう。こうした現象は当時としては「開放性」の帰結に過ぎないとも言えるのである。なぜならば、こうした「開放性」においては、一定の線引きをしてインドの内と外を画然と分ける感覚はなかったからである。つまり、当時の「協力者」たちには、イギリス＝外＝敵という発想はきわめて希薄だったのである。

しかしながら、英領期においては、国民国家たるイギリスが持ち込んだ領域支配の論理によって、インド世界の「開放性」は変質していった。この段階になって、支配者であるイギリス人と被支配者であるインド人といった形で明確な線引きが行われ、否応なしに、「開放性」の内実は失われたのである。

だが、インド系商人・企業家の経済活動に目を向けたならば、この英領期にも、インド世界の「開放性」を示すエピソードには事欠かない（前掲『多様性社会の挑戦』太田信宏、大石高志、杉原薫の章を参照）。彼らは、イギリスの商人・企業・資本の代理人もしくは協力者として、イギリス人の風下に立ちつつも、様々な領域で活躍していた。

例えば、十九世紀の半ばにインド洋交易の再興とも呼ぶべき現象があった。ボンベイに拠点を置くインド系商人は、ペルシャ湾沿岸、紅海沿岸、東アフリカ沿岸との間で商業活動を伸張させた。彼らは、イギリス資本と結びつくというよりも、これらの地域における政治権力の半ば真空状態に乗じて、ニッチを見出して活躍したのである。こうして、英領期に、インド系商人・企業家のネットワークは、インド洋を取り囲む東西の英領植民地に展開した。

民族主義と「開放性」の喪失

第一次世界大戦を契機として、インド経済は「開放性」を少しずつ喪失していった。この時期から戦間期にかけて、植民地政府が綿製品の輸入に対する関税率を高めていった。これは、本来的には財政的な理由に起因するが、この時期に、ガンディーの登場にともなう民族運動の盛り上がりが、インド系商人・企業家の動向を左右した。「国産品の使用（スワデーシ）」という民族主義のスローガンは、まさに保護主義の政策と一致する。

加えて、一九二九年に始まる世界大不況の影響は、一次産品などの輸出の激減をもたらし、インドの経済界に輸出悲観論をもたらした。さらに、第二次世界大戦中には、経済統制が行われたが、これらの幾つかの要因が結びついて、独立後のインドの経済政策につながった。

インド独立後、ネルー首相の下で始まった「混合経済」体制では、輸出悲観論に基づく、国内市場中心の輸入代替工業化戦略を実践した。こうして、一九五〇年代以降、インドは、世界市場から撤退し、「閉鎖体系」に移行したのである。これは、まさに「開放体系」と目されたイギリス植民地支配下のインドに対する極めて否定的な反応であった。約二百年にわたるイギリスの植民地支配は、確かにインドにとってトラウマと言える経験であったから、このような反応には十分な理由がある。

しかしながら、その代償は小さくなかったと私は考える。さらに、英領期にインド洋世界の東西に展開していたインド系商人・企業家のネットワークも、旧英領植民地の各地域が国民国家形成を目指したこの時代に、分断を余儀なくされたことも銘記すべきであろう。加えて指摘すれば、旧英領インドが独立した一九四七年こそ、ヒンドゥーとイスラームの対立を理由とする、インドとパキスタンの「分離」・独立の時点に他ならなかったのである。

一九五〇年代以降、「閉鎖体系」に移行したインドの企業は、国際競争から保護されたと同時に、国際競争力を失っていくことにもなったのである。そして一九九〇年代の初頭こそ、このような「閉鎖体系」から「開放体系」への復帰であったと言える。インド史を超長期で概観すれば、グローバル化した世界に対応できる文化的遺伝子（ミーム）が、この地域には深く埋め込まれていることに気づかざるをえないのである。

脇村孝平（わきむら　こうへい）　1954年兵庫県生まれ。大阪市立大学大学院経済学研究科後期博士課程単位取得退学。著書『飢饉・疫病・植民地統治　開発の中の英領インド』で国際開発研究大来賞受賞。

世界大戦の負債が起こした大恐慌

竹森俊平（慶應義塾大学教授）

「過去」を振り返ることで、「現在」の意味が分かるというのが歴史研究の醍醐味《だいごみ》だが、その反対の論理も働く。つまり「現在」を見つめると、「過去」に起こったことの意味がはっきりする。1930年代の「大恐慌」について、われわれは近年その疑似体験をした。2008年のリーマンショックに始まる世界経済危機である。その体験を振り返れば、大恐慌について不明だった点、見解が分かれた点に光が当たる。

いずれの場合も世界的な貸し出しの循環が絡んでいる。貸し出し拡大（レバレッジ）の局面、貸し出し収縮（デレバレッジ）の局面が交互にやってくる循環だ。レバレッジとは「梃《てこ》（レバー）」に発する言葉だ。わずかな力で重いものを持ち上げられる「梃の原理」を金融に活かし、わずかな元手を巨額の投資に転換するには借り入れが必要となる。

借り入れが容易なレバレッジ局面が、何かのきっかけで借り入れが難しくなり、過去の借金の返済まで迫られるようになるデレバレッジ局面に切り替わる。当然、投資も、資産価値も減少する。多くの企業は、保有資産を投げ売りしても累積した債務を返済できず倒産する。ビジネスの不安は頂点に達し、消費も落ち込んで商品価格の下落、つまりデフレを招く。

近年の世界経済危機では、２００６年頃まで米国の住宅価格が上昇を続けていた時期が「レバレッジ局面」。それが２００８年にリーマンショックで金融市場が崩壊し、「デレバレッジ局面」に突入する。その後、世界の中央銀行が史上空前の金融緩和を発動して、貸し出しの収縮を食い止めた。

超インフレから融資漬けに

近年の危機は平時に起こった、経済要因によるものだった。これに対して大恐慌は史上類例のない二つの世界戦争のはざまで起きた。二つの大戦と大恐慌は関連する。一つ目の大戦が大恐慌の原因を生み出し、大恐慌が生んだ主要国の社会の混乱が二つ目の大戦を導いた。

最初の因果関係だが、要するに第一次世界大戦の戦後処置がレバレッジを誘発した。このとの起こりは、勝利した連合国側が敗戦国ドイツに科した巨額の賠償金である。英国大蔵省からパリ講和会議にメンバーとして参加したケインズは、このような賠償金は、ドイツ経済の自立を不可能にすると同時に、欧州全体の秩序の再構築をも困難にすると抗議し、辞任した。そして抗議の理由を『平和の経済的帰結』という本にまとめる。同書は世界的なベストセラーとなり、一躍ケインズの名声を高めた。

ケインズの予言通り、ワイマール政府はやがて支払いに詰まり、中央銀行に国債を直接引き受けさせて賠償金を捻出する。さらに実物での賠償金受け取りを目指してフランス、ベルギーがルール工業地帯を占領したため、政治、経済の不安が頂点に達する。その結果、世界史上もっとも有名なハイパーインフレーションが起きた。連合国もさすがに方針を変更し、賠償金の支払いの繰り延べができる仕組みを設けた。ドーズ案(1924年)、ヤング案(1930年)と続く、一連のつなぎ融資案だ。

第一次大戦後、ロンドン市場は凋落《ちょうらく》し、ウォールストリートが世界の金融の中心に立つ。そのリーダーはJPモルガン商会だ。その米国の銀行家たちが中心になり、ドイツの賠償金の支払いを米銀が立て替える計画をまとめた。証券を発行して米国市場で一般投資家に売却し、集めた資金をドイツに貸す。ドイツはその資金で、賠償金の支払いをすると同時に戦後の復興費も賄《まかな》う。ドイツの債務の返済期限は次第に延長されて、ヤング案では最終支払期限が1988年とされた。

これで危機は収まり、救済劇の主役を務めたウォールストリートは自信をつける。それまでウォールストリートは国内向け市場の性格が強かったが、日露戦争向け融資、第一次世界大戦の連合国向け融資、ドイツ救済のための融資という一連の経験を経て、グローバルビジネスへの足場を固める。

ドーズ案の成功後、米銀は、今度はドイツの地方政府や民間企業向けの融資に熱中する。ドイツの地方都市が、高校の校舎新築の資金を求めれば、米銀はついでにプールや公会堂も作らないかともちかける。ドイツへの融資が飽和点に達すると、次は中欧や東欧への融資。それがさらに飽和すればラテンアメリカへの融資、とレバレッジの拡大はとどまるところを知らなかった。

借り入れ国側から事態を見ると、米国からの資金流入の拡大により経済は活性化するが、同時に米国の民間貸し出しに過度に依存する脆弱《ぜいじゃく》な経済構造が生まれた。ドイツの場合、1923年のハイパーインフレで中流階級の貯蓄が消滅した一方で、米銀融資というカンフル剤により、ベルリンのような大都市は好況に沸く。ワイマール時代のドイツ映画では、マレーネ・ディートリッヒのイメージが鮮烈だ。あの妖艶《ようえん》にして、人工的で、不健康なイメージは、当時のドイツ経済の反映でもあった。

デレバレッジが世界を襲う

大恐慌を語って金融政策を語らないのは、ハムレットのいない『ハムレット』の芝居を見るようなものだ。古今東西、金融政策の緩和が、レバレッジ拡大の引き金となる事例は多い。近年の世界経済危機では、2000年のITバブルの崩壊に直面した米FRBグリーンスパン議長が過剰な金融緩和をしたことが、金融危機の原因となる住宅バブルを招いたと評価されている。

大恐慌で、金融政策の主役だったのは1914年に発足したばかりの連銀の実質上のリーダーだったベンジャミン・ストロングNY連銀総裁だった。ストロングについては、「1928年におけるストロングの死こそが大恐慌の原因」とするミルトン・フリードマンの評価が有名だ。彼が生きていたなら大恐慌は防げたというのだ。

この評価は基本的には正しい。だが、バブルを起こしたグリーンスパン議長の失敗を見ている今日の経済学者は、ストロングに対してフリードマンより厳しい。1929年の米株価大暴落の直接の原因となった株価バブルは、ストロングによって招かれたというのだ。

彼への批判は、直接には1925年に英国が金本位制に復帰した後、英国の国際収支を助けるために米国金利を引き下げた判断に向けられる。

世界的な通貨制度のモデルとして金本位制が確立したのは19世紀の最後の四半世紀。金本位制の仕組みの下で政府は「自国通貨と金との兌換《だかん》」を保証する。そのため、ある国の通貨の信用に不安があれば、誰でもその通貨を「金」と交換することを要求できた。だから政府は通貨の信用が維持されるよう経済政策を運営しなければならない。中央銀行による国債の直接引き受けは一番信用を傷つける行為だ。だから、その行為によりハイパーインフレを招いた後、ドイツ政府はすぐに金本位制を復活した。

たとえ通貨の信用を傷つけても、第一次大戦中は、参戦国は戦争が遂行できるように財政金融政策を運営しなければならない。そのため次々と金本位制を停止した。通貨に信用がないからといって、国際貿易の決済手段である、なけなしの「金」を投資家に持ち去られては困るのだ。このようにして通貨の信用を犠牲にし、財政金融政策の自由を獲得した。

では金本位制の採用により、通貨の信用を確立することにはどういうメリットがあったのか。それにより金融市場の信認を得て、低い金利で資金を調達できた。近年も似た事例がある。欧州共通通貨「ユーロ」への加盟がそれだ。たとえば、ユーロに参加するまで放漫財政を続けていたギリシャの国債は、酷《ひど》いときには25％以上の金利がついた。それがユーロ加盟後、ドイツ国債とさほど変わらない水準に金利が低下した。ユーロに加盟すれば、ギリシャは財政金融政策上の自由を失う。だがそれで放漫財政に歯止めがかかると市場が読んだ。だから金利が低下したのだ。まことに浅はかな読みだったが。

モルガン銀行出身で、芯からの銀行マンであるストロングは、第一次大戦後の世界経済を十全に機能させるには金本位制の復活が必要と考えていた。大戦後、米国はいち早く金本位制に復帰する。これに英国が加われば、制度復活の機運は高まる。

ただ一つ問題があった。戦時中の高インフレにより英国の物価水準は割高だった。英国は戦前と同じ金価格、つまり戦前と同じ対米為替レートで金本位制に復帰することを考えていた。しかしそれでは英国製品は国際競争力を失い、貿易収支が輸入超過となり金が英国から流失する。

そこで1925年にストロングが総裁であるNY連銀が主導して、米金利の引き下げが行われた。それより高い英国の金利との利ザヤを狙った資金が、米国から英国に流れ込むようにするためだ。つまり米国からの借金で、英国が金準備を拡充できるようにしたのだ。

だが当時、米国の株式市場はブームの真っただ中にあった。連銀内保守派はストロングの行動を、外国の支援のために株式バブルを煽《あお》る行動として激しく批判した。そしてストロングが長年の持病である結核によりついに１９２８年に死亡すると、保守派は待ちかねたようにバブル潰しの目的で金利を引き上げた。

先に、大恐慌は、レバレッジからデレバレッジへと世界経済の局面が切り替わることで起きたと述べた。米国の強引な利上げにより、世界経済は一気にデレバレッジに突入する。

一般には、大恐慌の始まりは１９２９年10月の米国の株価大暴落だと考えられている。たしかに、この株価暴落は、市場の不安をさらに高める結果につながっただろう。しかし、より重要なのは、高金利に端を発するデレバレッジの大きな流れが世界経済を襲っていたことだ。それを反映して、すでに１９２８年には、中東欧やラテンアメリカの一次産品国の経済が悪化している。

米国の株価の方は、１９２９年10月の後、連銀が利下げをしたこともあり回復傾向にあったのだ。しかし米国からの融資に依存する一次産品国が受けたダメージの方は、ボディブローのように欧州経済に効き始めた。

そして決定的出来事が起こる。１９３１年５月のオーストリア最大の銀行、クレディットアンシュタルトの経営破綻である。まさに２００８年のリーマン・ブラザーズ破綻に比肩しうる事件だ。大恐慌の開始時点を同行の経営破綻とするのが、今日の標準的な経済学者の見解でもある。

繰り返しになるが、当時の欧州経済には米国資本に依存する体質が生まれていた。レバレッジが拡大し、融資が増えている時期には欧州経済は偽《いつわ》りの繁栄を味わう。だがデレバレッジに転換し、米銀が融資の回収を図るようになると、経済は土台から崩れ出す。とくに脆弱だった敗戦国、ドイツの経済はオーストリアに続いて崩壊する。

この時、投資家の心理的不安を世界的な経済危機に発展させた重要な要因は金本位制だった。不安を抱いた投資家は、投資先の国が金本位制を採用しているだけではもはや信用しない。その国の通貨を金に兌換して持ち出そうとする。融資を受ける立場から、返済する立場に変わるだけで、その国の経済にデフレ圧力が生じる。

しかし金が国外に流出する中で、あくまでも金本位制を維持しようとするなら、その国は通貨流通量を減じて、兌換が可能な状態を作らなければならない。これはデフレが進行する中での金融引き締めに当たる。だからデフレはますます進行する。

リーマンショック後の世界経済危機では、デフレの萌芽が見られるや、主要中央銀行が未曾有《みぞう》の金融緩和を打ち出して実体経済への打撃を食い止めた。ところが大恐慌では、それとは逆の政策がとられた。大恐慌による経済の落ち込みが激しく、長期にわたった原因はこれである。

「別格」の高橋是清

しかし大恐慌の最中でも、今回の危機におけるバーナンキFRB議長のように現代的な経済処方箋を実行した政治家がいる。日本の高橋是清だ。近年の世界経済危機と大恐慌を比較した著書『Hall of Mirrors』を2015年に出版した経済史家、バリー・アイケングリーンも、高橋については「別格」の評価をしている。大恐慌に直面した当時の政治家の行動に成績をつけるなら、高橋だけが「A」で、他は「C」から「D」とでも言いたいような評価だ。高橋だけは、恐慌の本質を信用収縮と正しく見て、それへの対処には金本位制を放棄することが絶対必要と判断していた。

金本位制を止めれば、金流出に合わせて通貨流通量を減らす必要も消える。だからと言って、ひとたび弱気になった経済で、縮小していく貸し出しを拡大に転換するのは難しい。そこで政府が財政刺激策を発動する。その政策を増税で賄ったなら再びデフレ圧力が働く。だから日銀に直接国債を引き受けさせ、刺激策を実行する。それで円の信用は落ちるかもしれない。しかし金兌換は停止しているから、なけなしの金が消えることはない。ドルに乗り換えようとする者がいれば円安が進行する。景気にはますますプラスだ。

信用収縮に端を発するデフレに直面して、これ以上の政策は現代でも考えられない。なぜ、高橋はこういう高度な認識に到達したのか。高橋は第一次大戦が終結する1918年頃にも大蔵大臣を務めていた。本格的には参戦していない日本は、望むなら米国に次いで金本位制に復帰できた。だが高橋は反対だった。日本が1897年に金本位制を採用した後、それで得た信用を活かして、英米市場で日露戦争のための外債を募った立役者は高橋である。原理的に金本位制に反対だったわけではない。この時点で金解禁に反対だったのは、恐らく情勢判断によるものだ。

融資拡大に賭けた井上準之助

1930年に日本が金本位制を再度採用した際に、民政党浜口内閣で蔵相を務めた井上準之助は、高橋と対極に立つ経済観の持ち主と見られることが多い。高橋が積極派なら、井上は消極派、意図的に不況を招く政策を実行し、弱い企業を一掃することが経済の効率化につながるという思想を抱いていたというのだ。筆者もかつてはそう考えた。今では違う。経済について、彼ほど強気な政治家は少ないとさえ考える。

ギリシャのユーロ加盟を思い出してほしい。ユーロへの加盟を認めてもらうため、たしかにギリシャ政府は数年にわたり緊縮政策を実行した。しかしそれはあくまでも市場の信用を得るためで、ひとたびユーロに加盟し、国債金利が面白いように低下すると、今度は借りて、借りて、借りまくった。歳出の大盤振る舞いにより、短期的にはギリシャはユーロ圏有数の成長率を誇った。

恐らく井上の考えもそうだった。1925年の英国と同様、1930年に旧金価格で金本位制を復活した井上の判断は、デフレを招いたとして石橋湛山や高橋亀吉のような当時の先駆的エコノミストから批判された。たしかに経済学的には無謀な判断だ。だが井上の狙いは、経済学者ではなく、マーケットに受ける政策だった。ようするに金利が下がれば勝ちなのだ。

井上は、1920年に日本を訪問したベンジャミン・ストロングの知遇を得た。ストロングは、世界的金本位体制の復活には井上の協力が不可欠とまで彼の能力を評価する。無理をしてでも金本位制復活に漕ぎ着ければ、ウォールストリートからの融資が日本に流れ込む。かつて低金利政策で連銀が英国を助けたように、その際にはストロングは日本の支援のためにも金融緩和をすると井上は一貫して読んでいた。１９２８年のストロングの死と連銀の高金利政策への転換は大誤算だったが、１９２９年の株価暴落のあと、再び連銀が低金利政策に転じたことを、井上は「天祐」と強気に評価する。これで行けると思ったのだ。だがすでに欧州経済には致命的な打撃が及び、１９３０年という時点で市場の心理はレバレッジからデレバレッジに転換していた。それを見通せなかったことが井上の敗因だ。

恐らく高橋是清にはそれが分かった。今のレバレッジは、やがてデレバレッジに切り替わると思ったのかもしれない。ともかく彼は、日本経済がウォールストリートの心理に振り回される展開となる金本位制の復活に乗り気でなかった。

１９０７年の米国の金融恐慌の際の痛い体験が、高橋の判断の出発点ではないか。巨額な外債を投じて勝利した日露戦争だが、賠償金が取れなかったことで日本財政はたちまち窮地に立つ。国際的な信用をつなぎとめるために金本位制の継続は絶対条件だ。しかし当時の国力では輸出で稼ぐことが不可能なので、仕方なく金本位制維持のために国際市場で金を借りるという自転車操業を続けていた。ところが１９０７年の米国金融危機で借り入れ条件が悪化し、金利負担が上昇して、日本財政は破綻の瀬戸際に立たされた。

日露戦争時の外債募集の責任者であり、１９０７年には横浜正金銀行の頭取を務めていた高橋は、肝が冷える思いをしたはずだ。結局、井上より15歳年上の高橋のこの時の経験が、二人の判断の差を生んだのだろう。

竹森俊平（たけもり　しゅんぺい）１９５６年東京都生まれ。慶應義塾大学大学院経済学研究科修了。ロチェスター大学にて経済学博士号取得。『世界デフレは三度《みたび》来《きた》る（上下）』など著書多数。

独裁の秘術　ヒトラー、スターリン、毛沢東

福田和也（慶應義塾大学教授）

ウィーンの富裕なユダヤ系実業家の家に生まれ、『人類の星の時間』などの伝記文学で名高いシュテファン・ツヴァイクは、遺書ともなった自伝的作品『昨日の世界』で、失われた十九世紀ヨーロッパの世界をこう回想している。

「私が育った第一次世界大戦以前の時代を言い表わすべき手ごろな公式を見つけようとするならば、それを安定の黄金時代であったと呼べば、おそらくいちばん的確ではあるまいか。ほとんど千年におよぶわれわれのオーストリア君主国では、すべてが持続のうえに築かれているように見え、国家自体がこの持続力の最上の保証人であった」

十九世紀、とくにその後半をヨーロッパ社会で生きた人々は、戦争や飢饉のあった昔を見くだし、今のこの時代こそが、「あらゆる世界のうちの最良の世界」であると信じていた。

そうした時代における国の指導者は、オーストリア君主国の当主、フランツ・ヨーゼフ

一世に代表されるように、しかるべき家に生まれ、生まれながらに指導者たることを期待された人物にほかならなかった。

ところが、二十世紀の到来からほどなくして起きた第一次世界大戦は、〝黄金〟の世界を一変させた。皇帝たちは殺されるか追放され、ロシアには革命国家が誕生した。イギリスに代わってアメリカが世界の覇権を獲得しつつあったが、新たな秩序が生まれる前に、大恐慌が経済を大混乱に陥れた。そして、十九世紀には存在しえなかった新しい指導者たちが次々に登場してきたのである。

ヒトラーはいつヒトラーになったのか？

これは非常に興味深い問いだ。

アドルフ・ヒトラーは一八八九年四月二十日、ドイツとオーストリアの国境にある、ブラウナウという小さな町に、税関吏の息子として生まれた。

一九〇七年、十八歳で画家になることを志してウィーンに出た。しかし、ウィーン美術アカデミーの入試に失敗。父親の遺産と自分で描いた絵を売った金で糊口を凌いでいたが、とうとう浮浪者収容所に身を寄せることになってしまった。

ちょうどその頃当主であったフランツ・ヨーゼフ一世が王宮の窓から見下ろしていたウィーンの街を、ヒトラーは社会の底辺から見上げることになったのだ。この目線の低さ、大衆との距離の近さが、後に新しい指導者としての彼の強みとなる。

第一次世界大戦で、バイエルン陸軍に志願入隊したヒトラーは、伝令兵として最前線を駆け回り、二度受勲するほどの勇敢さを発揮する。戦後、ミュンヘンの部隊に戻ると、民族主義思想を買われて兵士の反共・愛国教育を任され、はじめは調査目的でドイツ労働者党に接近した。しかし、その尖鋭な民族主義に共鳴し専従職員となったヒトラーは、激しい演説などで頭角を現した。この党は一九二〇年に「国民社会主義ドイツ労働党」と改称され、略称の「ナチス」で知られるようになる。ヒトラーが第一議長の座についたのは二一年七月のことだった。

二年後の二三年、中央政府からの政権奪取を目指してミュンヘン一揆を起こすも失敗に終わり、ナチスは解散、ヒトラーは禁固刑となる。

この失敗が、ヒトラーがヒトラーとなる契機になった。

一気に武力革命を実現させることは無理だとみたヒトラーは、釈放されて党を再興すると、選挙による合法的な権力奪取へと方針を転回した。そして正規軍にも歩み寄り、連携を深めるようになる。そのためには、党の武力組織だった突撃隊の粛清をも辞さなかった。つまり、大衆と軍を取り込むことこそが権力への道だと見極めたのである。

この迂回が、さらに大きな権力をヒトラーにもたらすことになった。

一九三二年、国会選挙でナチスは第一党となり、三三年一月三十日、ヒトラーはヒンデンブルク大統領からワイマール共和国の宰相に任命されたのだ。

昨年、私用でミュンヘンを訪れた。

中央駅に近いケーニヒス広場の周辺にはナチスに関わる建物が集まっていた。

例えば、総統官邸。建物はそのままだが、今は音楽演劇大学になっている。総統官邸であったことを示す表示がないかと探してみたが、見つからなかった。

すぐ近くには建築中の「ナチス資料センター」があった。ここにはナチスの党本部があったが、一九四五年に破壊され、六十年以上更地のままだったという。

ヒトラーは現代においても「悪魔」のままなのだ。

第二次世界大戦におけるヒトラーの行為が、人種主義を徹底した悪の権化であったことは間違いない。

しかしその一方で、ヒトラーがドイツ国の指導者として、ヒャルマル・シャハトに経済政策を任せて成功をおさめ、失業対策、公共事業、国民の娯楽と健康政策などに抜群の手腕を発揮したこともまた事実である。

その政策を一言でいえば、経済的ポピュリズムの見事な実現だった。アウトバーンなどの大規模な公共事業を立ち上げ、国民車フォルクスワーゲンを走らせて、郊外にもうけた自然豊かな公園などのレジャー空間へ送り込む。敗戦後の超インフレにあえいでいたドイツ国民に、職業、健康と慰安、そして強いドイツの復活という希望まで提供したのだ。

第一次大戦でドイツが失った東方地域には、戦後も多くのドイツ系住民が生活していた。不安定な状態に置かれた彼らの処遇も含め、失地回復こそ戦後ドイツの悲願だったのである。ヒトラーが打ち出した「生存圏」は、そうした国民の欲望を反映したものだったといえる。

ヒトラーは、たとえば骨の髄まで党官僚だったスターリンなどとは異なり、国家システムを精密に作動させるテクノクラート的な作業は得手ではなかっただろう。その分、ヒトラーには、その底辺に近い生活体験から、敗戦に苦しむ大衆層が何を望んでいるかを的確に見据える、目線の低さがあった。そしてその大衆こそが、普通選挙と総力戦の二十世紀において、最大の政治的パワーの源となることを摑んだのだ。

そう考えると、はたしてヒトラーに第二次大戦への明確なヴィジョンや綿密な計画など、本当にあったのかどうか、疑問である。

私が見るところ、ヒトラーは何か機会を捉えては新たな果実を狙い続けるオポチュニストだった。

彼が第二次大戦中、幕僚たちに食事などの折に漏らした座談を集めた、ヒュー・トレヴァー＝ローパー著『ヒトラーのテーブル・トーク１９４１‐１９４４』によると、ヒトラーは『わが闘争』などで唱えられたワグナー流の世界観もゲルマン神話も、すべてが演出に過ぎず、ただのコケ威しだったと言い切っている。

もしも彼に悪魔的なものがあるとすれば、それは生来の楽天性ではないだろうか。第一次大戦を、一日五万人もの人間が死ぬような戦争を体験しながら、砲火とどろくなかを武器も持たずに伝令を届ける使命を嬉々として果たし、「私はこの世界が好きだ！（略）美しいものを満喫したい、手放したくないと心底願っている」（『ヒトラーのテーブル・トーク』）と世界を全肯定する楽天性こそが、彼を恐ろしい一連の事件の指導者たらしめたのだ。

大粛清はなぜ繰り返されたのか？

指導者としてのスターリンを考えるのに重要な点だ。

一九一七年、三百年以上続いたロマノフ王朝が倒れ、ソビエト政権が樹立された。議長はレーニン、外務人民委員はトロツキー、民族人民委員はスターリンという顔ぶれだった。

ヨシフ・スターリンは一八七九年、グルジアのゴリという町の靴屋の子に生まれた。神学校でマルクス主義の洗礼を受け、職業革命家の道に入った。レーニン指導下のボリシェビキ党に入党すると、堅実な実務能力が買われ、またグルジア出身ということから、民族問題など主要な任務にかかわるようになる。

そしてレーニンの死後に党首となったのは、政治的ヴィジョンと優れた戦略眼を持ったトロツキーではなく、地味で小心なスターリンであった。革命後の内戦を経て、党の書記長に就任したスターリンは、このポストの決定的な重要性に気付く。

官僚機構を動かすのは、莫大な文書、記録であり、それを管理することは権力をわしづかみにするに等しい――。それは「二十世紀のテクノクラート」としてのスターリンの天才的発見だった。

さらには秘密警察という仕組みを自家薬籠中のものとすることで、スターリンは自らの権力基盤をさらに強固なものとした。

一九三〇年代に入ると、党と政府を一身に掌握する独裁政治体制を確立。大粛清が始まる。「反革命罪」の名のもとに、数百万人もの人間が裁判で有罪とされ、三七、三八年の二年間だけでも六十八万人以上が死刑となっていることが判明している。その対象は旧反対派幹部にとどまらず、古参のボリシェビキ、軍の首脳部、党員、農民、一般市民、十二歳以上の子供にまで及んだ。

ナチズムの強制収容所とスターリニズムのラーゲリは、二十世紀が作り出した、絶対悪の象徴であるが、悪の性格は大きく異なる。ヒトラーは敵を殺したが、スターリンは仲間を殺した。

その違いはどこにあるのか。

ヒトラーの権力は、大衆と結びついていた。それに対して、スターリンは大衆とは切り離されたソビエト共産党に、すべての基盤を置いていた。大衆を操るには「外の敵」が必要であるのに対し、テクノクラートを操作するには「内の敵」を作り出すこと、そして相互に戦わせ、密告させ、裏切り合わせることが有効であることを、スターリンは熟知していた。

粛清を繰り返すうちに、党の中には粛清の自動律が確立されていった。内部に敵を見出し、排除し続けることが、党を動かす動力となり、組織の維持管理機能の中核となっていったのである。

テクノクラートであるスターリンは国家の運営・発展には生真面目に取り組んだ。一九二八年、第一次五か年計画を策定し、企業の再国有化、農業集団化を実施。計画経済メカニズムの基礎を築いた。そのおかげでソ連は世界恐慌の被害を受けずに済んだ。

スターリンの外交・安全保障政策はシンプルきわまりないものだった。権力の中枢をモスクワに置き、何重もの防御ゾーンをつくる。巨大なソ連邦の周囲に、さらに衛星国を配置することで守りを固めようとした。その結果が、ナチスの攻勢をしのぎ切った独ソ戦の勝利である。この戦いの間、三千万人ともいわれるソ連国民が死亡、スターリンは多くの将軍たちを粛清し続けた。

反儒教。

一九七六年に死去するまで半世紀以上にわたって中国をかき回し、権力の座にしがみつき続けた毛沢東の、時に非合理としか評しようのない政治力の秘密はここにある。

一八九三年、湖南省の農民の家に生まれた毛沢東は、十七歳で故郷を離れ、いくつかの学校を転々としたのち、一九一九年に初等中学校の歴史の教師となる。

一九二一年、毛は中国共産党第一次全国代表大会に出席する。全国大会といっても、集まった代表は十三人、参加者は六十人あまりの集会だったが、創立メンバーの一人として名を連ねることができた。

そして毛沢東の名を一躍高からしめたのが長征だった。

一九三一年中華ソビエト臨時政府の主席となった毛は、蔣介石率いる国民革命軍の包囲殲滅の攻撃から逃れるため、三四年、根拠地である江西省瑞金を放棄すると、その後二年間、国民革命軍と交戦しながら、一万二千五百キロを移動し続けた。延々と続く、徒歩による強行軍で、八万人を超えていた兵は、延安到着時には死亡、脱落などによって数千人に減少していた。規模からいえばインパール作戦などを上回る敗走であり、自軍への虐殺行為だったともいえるだろう。

しかし、とここで問う必要がある。毛沢東はいかにしてこの無謀な作戦をやり遂げ、あまつさえ、勝利の物語に転換させることが出来たのか。実は、ここに毛沢東という怪物的な独裁者を解くカギがある。

なぜなら、この後も毛沢東は、大躍進、文化大革命と、自国と自国民に対し、巨大な暴力と破壊を繰り返すことで、自らの権力を延命させ続けたからだ。そこに通底するのは、強烈な「反官僚主義」である。

それまでマルクス・レーニンをモデルとする革命理論は、都市を拠点とするものだった。当然、コミンテルンの指導を仰いでいた初期の中国共産党も、都市部を革命拠点と定めていた。それに対して、毛の政治活動は常に農村を拠点とした。

儒教とは官僚のための統治術であり、基本的には中央官庁、都市部を志向したイデオロギーである。中国歴代の中央官僚にとって、農村部はつねに支配の対象でしかなかった。有名な「農村が都市を包囲する」という毛沢東のスローガンには、中国農村に潜在していた反儒教、反官僚のエネルギーを解き放つ力があったのではないか。

これが顕在化したのは、毛が中華人民共和国の政府主席となった後、一九五一年から開始された「汚職」「浪費」「官僚主義」に反対する「三反運動」だろう。最高指導者（と政府）が官僚機構を批判するという、この矛盾。しかし「支配者による支配層いじめ」こそ、毛沢東が見出した最高のポピュリズムだったのだ。古来、「官僚＋権力→腐敗」という構造が連綿と続く（そして、今も続いている）中国では、この手法はきわめて有効だった。

毛の治世でも最大の災厄は一九五八年から二年間、猛威をふるった大躍進政策だろう。「十五年でイギリス（当時は米国に次ぐ経済大国だった）を追い越せ」という目標が掲げられ、農機具や鍋釜を溶かして屑鉄にするといった類の「増産」が進行。経済基盤が崩壊し、二千万人から五千万人の餓死者を出す大惨事となった。

さすがの毛も責任を感じて国家主席を辞任するが、七年後の六六年には再び文化大革命を引き起こす。このとき毛が扇動したのは「紅衛兵」と呼ばれた少年少女だ。『毛主席語録』をかざし、中央指導部や知識人などに徹底した迫害を加えた「紅衛兵運動」を貫いていたのも、やはり反官僚主義だった。

近代社会の中核をなすテクノクラート――広義には技術者、ホワイトカラーなども含まれる――に対する、被支配層の憎悪を、毛は巧みに利用したのである。

この三人の独裁者の政治手法は、過去のものだといえるだろうか。

ヒトラーが行なったのは、積極的な経済政策に、ナショナリズムの高揚を加えた国家主義的ポピュリズムだったといえる。しかし、これは人種主義（ことに戦時下での反ユダヤ政策）を除けば、いまも多くの政権が採用している組み合わせではないだろうか。その意味で、いまなおヒトラー的手法は汎用性が高いといえるだろう。

そして官僚機構（党）への権力集中＋恐怖による統治を展開したのがスターリンだ。これも二十世紀の多くの権力者たちが採用した「ノーマルな独裁者」モデルだったといえる。

そして毛沢東である。反官僚主義はしばしばポピュリスト政治家に採用されるが、実際に推し進めると、ポルポト政権のように、近代国家そのものが成り立たなくなる。農民や職にあぶれた若者たちなど多数者の不満を煽り過ぎると、コントロール不能な内乱につながる危険性も高い。政治指導者にとっては扱い困難な劇薬なのだ。反汚職運動を進める習近平は、この規格外の先人からいかなる教訓を得ているのだろうか。

福田和也（ふくだ　かずや）１９６０年東京都生まれ。『地ひらく（上下）』、『昭和天皇（第一～第七部）』、『第二次大戦とは何だったのか』など著書多数。

共和党対民主党　日本人が知らないアメリカ史

渡辺惣樹（日米近現代史研究家）

日本人は、アメリカが安全保障上極めて重要な国であることは承知している。そうでありながらアメリカの歴史を知るものは少ない。その理由は大きく二つある。まず、日本の歴史教育においてアメリカ史を全くと言ってよいほど教えていないことである。もう一点は、日本で手に入るアメリカ史の書はアメリカ人によって書かれた史書をベースにしていることである。そこにはアメリカ人にとっての「歴史の虹」（渡部昇一氏）が美しくちりばめられている。国民に誇りを持たせることは一般的歴史書の主たる目的である。それだけに歴史の真の姿を反映していないことが多い。

アメリカの史書は中国にとっての「論語」のようなものだと言えばわかりやすい。支那大陸には論語的世界は存在しない。論語には孔子が理想とする世界が描かれているように、アメリカの史書にもアメリカの歴史家がそうであって欲しい（欲しかった）母国のありようが描かれているのである。日本史においても明治以降の史書が、徳川の世を必要以上に悪しく描いてきたことを考えればこのことを理解することは難しいことではない。本稿ではアメリカ民主党の歴史に焦点をあてることで上記の主張の一端を明らかにしたい。読者におかれては、これまで学んだアメリカ史をいったん心の引き出しにしまって（ご破算にして）本稿を読んでいただきたい。

潜在敵国としての英国

一七七六年、アメリカは独立を宣言した。両国の攻防は続いたが、フランスが植民地側についたことで次第に英軍は劣勢になった。北米植民地の英軍の拠点であったヨークタウン（バージニア州）の戦いで独立軍が勝利すると大勢が決した（一七八一年一〇月）。一七八三年九月にはパリ条約が結ばれアメリカはようやく英国の軛《くびき》から逃れたのである。しかし旧宗主国英国は依然として世界最強の軍を持ち続けた。アメリカの北で国境を接する英領カナダは不気味な存在だった。そんなアメリカにとってチャンスが到来した。ヨーロッパ大陸でナポレオン戦争（一八〇三～一五年）が勃発したのである。

米国は、英国がナポレオンとの戦いにかかりきりになっているさなかに英領カナダを狙った。一八一二年六月一八日、米国は英国に宣戦布告した。こうして第二次独立戦争が始まった。

しかし英国カナダ駐留軍は強力であった。緒戦での勝利はあったが、次第に劣勢となり首都ワシントンが落ちた。大統領ジェイムズ・マディソンが脱出し蛻《もぬけ》の殻となっていたホワイトハウスに火がつけられた（一八一四年八月二四日）。同年一二月には講和が成立したが（ベルギーの町ガンで調印されたガン条約）、その知らせがアメリカに届くのが遅れ、戦いは年が明けるまで続いた。北米での戦いは痛み分けのままで終息した。

ホワイトハウスの炎上は屈辱であった。アメリカの政治家にとって英国は潜在敵国であり続けた。アメリカが英国に伍するためには軍事力を高めなくてはならない、そのためには州の権利を抑制してでも連邦政府主導で工業化を強力に進めるべきだ。そう考えたのがフェデラリスト党（連邦党）であり、同党が発展して結成された政党が共和党であった（一八五四年）。一方で、合衆国はあくまで合州国であり、州の権限を尊重すべきだと考える勢力が民主党（当時の呼称は民主共和党）であった（一八二四年結党）。彼らはとりわけ各州の農業経営（プランテーション農業）を重視した。

一九世紀初めのアメリカは農業国でありその主要生産物は綿花（コットン）であった。コットン生産のネックは繊維に纏《まと》わりつく種子の分離だったが、イーライ・ホイットニーがその作業を飛躍的に向上させる綿繰り機を発明した。（一七九三年）。爾来、アメリカ産コットンは世界市場に君臨するまでに成長した。一八六〇年の生産量は三八〇万ベール（一ベール＝二一八キログラム）を超えた。これは世界の消費量のおよそ三分の一に相当した。コットンは総輸出額の五三％を占めた。アメリカにとってコットンは輸出品の王者（King Cotton）だった。これを支えた労働力が奴隷である。黒人奴隷の数は一八〇〇年にはおよそ九〇万人だったものが、一八五〇年には三二〇万人にもなった。

コットン生産地である南部諸州と輸出先イギリスの関係は濃厚となった。当時のイギリスは世界の工場であり、自由貿易を国是としていた。紡績業はイギリス工業のエンジンだった。他国にも自由貿易を強制し、英国は世界の工場であり続けようとした（自由貿易帝国主義）。南部諸州は、「英国の政策に追随すれば巨利を得る。アメリカに必要な工業製品は英国から低関税で輸入すればよい」と考えた。民主党はこうした南部プランテーションオーナーの支援を受けた。一方で英国に伍する強国に変貌すべきだと考える共和党は工業立国を目指した。そのためには高関税政策（保護貿易）をとり、北部諸州の幼稚産業を保護しなくてはならなかった。

奴隷解放宣言の狙いは

南北戦争前までの米国関税政策は民主党の主張に沿ったものだった。一八五七年の関税法では税率は平均で一七％にまで下がっていた。

これでは幼稚産業（工業）は育たないと共和党は危機感を抱いた。一八六〇年一一月の大統領選挙で共和党はアブラハム・リンカーンを立て勝利した。共和党政権になれば連邦政府は高関税政策にシフトする。南部諸州はリンカーンの大統領就任日（一八六一年三月四日）を待たず次々に連邦を離脱した。南部七州（サウスカロライナ、ミシシッピ、フロリダ、アラバマ、ジョージア、ルイジアナ、テキサス）が南部連合を結成し、アメリカは分裂した。

リンカーンは、保護貿易政策をとれば国家分裂の可能性があることをわかっていただけに、分裂回避に腐心していた。分裂国家では宿敵英国に伍することはできない。選挙戦では、南部プランテーション経営の核である奴隷制度を嫌いながらも時間をかけて解決するとして、同政権で国務長官となるウィリアム・スワードに南部連合との交渉を繰り返させた。南北戦争が始まった後にも、副大統領に民主党のアンドリュー・ジョンソンをあてた。ジョンソンの指名は対南部宥和《ゆうわ》政策の象徴だった。

こうした努力にもかかわらず、南部連合によるサムター要塞（合衆国の要塞：サウスカロライナ州港湾都市チャールストン）攻撃（一八六一年四月）で南北戦争が勃発した。このときリンカーン政権が最も恐れたのはイギリスの軍事介入だった。イギリスは自由貿易帝国主義の重要な歯車となっていた南部諸州を支援したかったのである。

そのイギリスの軍事介入を牽制する奇策が奴隷解放宣言（一八六二年九月）であった。イギリス知識人は奴隷制度を嫌悪していた。そのことはイギリスが一八〇七年には奴隷貿易禁止法を成立させていることからわかる。リンカーン政権に戦いの目的を「奴隷制度廃止」と高々と謳《うた》われてしまうと、イギリス政府は金縛りとなった。表立った介入は出来ず、せいぜい南部連合からの武器の注文に応える程度となった。

リンカーンが南北戦争勝利の演説をホワイトハウスで行ったのは一八六五年四月一一日のことである。彼はアメリカを強力な連邦国家として再建すると強く訴えた。この三日後リンカーンは暗殺された。

リンカーンの死後も共和党は黒人の民事的な契約行為の自由と、刑法の白人黒人の均霑《きんてん》適用（等しくあてはめる）を保証する市民権法を提出した（一八六六年）。議会で多数派を占める共和党は次々と黒人の権利を認める法案を上程した。

同年六月には憲法第一四条を修正し黒人の市民権の保障を決めた。一八六九年には憲法第一五条を修正し黒人参政権を認めた。三九対一三での可決だったが賛成は全て共和党議員、反対は全て民主党議員であった。議会で通過した黒人の地位向上の諸法案に、時に拒否権を発動し嫌がらせをしたのはリンカーン暗殺を受けて大統領となったアンドリュー・ジョンソンだった。

連邦政府レベルでは、共和党が黒人の法的権利の改善を続けた。しかし、南部諸州で強い勢力を持つ民主党は黒人差別政策を進めた。一八六六年には黒人や黒人擁護派の白人をターゲットとするテロ集団ＫＫＫが生まれた。結成に関わったネイサン・フォレストは旧南軍陸軍士官で民主党員だった。ユリシーズ・グラント政権（共和党）がＫＫＫのテロ活動を抑え込む施策をとると、彼らの活動はいったんは下火になっている。

民主党は黒人隔離政策に熱心に取り組んだ。南部保守層の北部への恨みは強い。それを利用して民主党は南部白人の団結を訴え、党勢の回復を狙ったのである（Solid South政策）。黒人は隔離すべきだとの主張は南部白人の心を掴んだ。民主党は州議会を通じて黒人隔離（差別）行為を合法化する州法（ジム・クロウ法と総称される）を次々に成立させた。映画館、トイレ、バス、水飲み場に黒人専用エリアを設けた。州政府（警察含む）は職員に黒人を採用しなかった。新聞社もそれにならった。

こうした州法をベースにした黒人差別政策に共和党もお手上げとなった。市民権運動家ホーマー・プレッシー（共和党員）はその血の八分の一が黒人だった。ルイジアナ州の鉄道に乗車した際、黒人専用席へ座ることを要求された。プレッシーは黒人隔離を認める州法を違憲として連邦裁判所に訴えた。しかし民主党支持の判事が多数派の最高裁判所は州法を合憲とした（一八九六年）。唯一人その判断に反対したジョン・ハーラン判事は、「我が憲法は色盲か」と嘆いた。ハーラン判事はケンタッキー州出身だが共和党員であった。リンカーン政権が目指した奴隷解放の実質は南部諸州ではなし崩しにされたのである。

移民排斥への道

黒人差別問題については初期の目的を達せられなかった共和党だったが、強力な連邦国家建設では、十分な成果を上げていた。高関税政策により関税率は平均で五〇%を超えた。潤沢となった連邦政府収入で交通インフラ整備への投資を積極的に推進した。それが工業国化への第一歩だった。その象徴が大陸横断鉄道敷設だった。横断鉄道が開通（一八六九年）すると東部からアイルランド移民を中心とするプアーホワイト（白人貧困層）がカリフォルニアに押し寄せた。彼らは支那人移民と職を奪い合った。支那（清国）からの移民は鉄道建設の現場や炭鉱で低賃金にもかかわらず真面目に働いていた。

しかし白人労働者には選挙権という武器があった。彼らは労働組合や政治家を使って支那人労働者の排斥に成功した。支那人排斥法（一八八二年）により支那からの移民を禁じたのである。

支那人の次にターゲットとなったのが日本人だった。日本人移民の数は少なかったが、白人の職場を奪う唾棄すべきアジア人の象徴とされた。それが現実となったのがサンフランシスコ学童隔離事件（一九〇六年）だった。白人児童と共学していた日本人児童を支那人学童専用学校に移し隔離を決めた。支那人排斥法が存在している中での措置だっただけに、日本人が次の人種差別のターゲットとなったことは明らかだった。

日本政府は激しく反発し、日米のメディアは「すわ日米戦争勃発か」と書き、両国関係は緊張した。日本人を差別しながらも、ロシアに勝利した強力な海軍を持つ日本をカリフォルニアの白人層は恐れた。カリフォルニア西海岸に日本からの攻撃に備えた要塞が築造されたのはこの頃である。

サンフランシスコ市幹部をホワイトハウスに呼び、自制を促したのはセオドア・ルーズベルト大統領（共和党）だった。同市で日本人排斥を主導したのは市長ジェイムズ・フェラン（民主党）だった。

ルーズベルト政権は対日関係を重視していた。それにもかかわらずサンフランシスコ市が対日侮蔑政策をとれたのは、民主党の支援があったからだった。民主党は、日本人隔離を合法と主張した。違法とされては南部諸州のジム・クロウ法にまで影響が出る。だからこそカリフォルニア州の反日本人運動を徹底的に擁護した。

セオドア・ルーズベルト大統領は、憤る日本政府と外交交渉を重ね、「日本政府による自主的な米国への移民制限」（日米移民紳士協定）を実現させることで事態を鎮静化させるほかなかった（一九〇七～〇八年）。

ウィルソンの人種差別政策

上述のように、アメリカの政治は南部諸州では人種差別政策をとる民主党が主導権を握ったが、連邦政府の政治は共和党が担ってきた。ジョンソン政権後には共和党ユリシーズ・グラント政権となり以後共和党の大統領が続いた。グラント大統領以降ウッドロー・ウィルソン（民主党）が大統領に選出されるまで九人の大統領が出たが、八人は共和党であった。唯一民主党の大統領にグローバー・クリーブランドがいるが、これは個人的人気に依《よ》ったものだった。民主党はあくまで南部諸州を基盤にした地域政党だったのである。

しかし一九一二年の大統領選で民主党に好機が訪れた。共和党が分裂したのである。共和党予備選に敗退したセオドア・ルーズベルトが新党進歩党を結成し、現職のウィリアム・タフトに挑戦した。漁夫の利を得て当選したのがウッドロー・ウィルソン（元プリンストン大学学長）だった。カリフォルニア州では上述のフェランがウィルソンを支援した。

ウィルソンの父はジョージア州の長老派牧師であり、南軍兵士のために祈った。「奴隷制度は神が創りたもうた」と説いた。ウィルソンは、一八七五年にプリンストン大学に入学するまで南部で育った。彼にとって黒人隔離は日常であった。

大統領に就任すると連邦政府組織にまで隔離制度を導入した。首都ワシントンで初めて白人と黒人の職場を分離したのである。共和党の大統領の時代には考えられないことだった。

アメリカ建国の父たちは、ヨーロッパ問題へは介入してはならないとしていた。一八二三年にはジェイムズ・モンロー大統領は、「アメリカはヨーロッパ問題には介入しない。同時にヨーロッパ諸国は、アメリカ大陸の問題には口をはさむな」と訴えた（モンロー宣言）。この国是ともいえるヨーロッパ問題非介入の原則に反し、ウィルソンは第一次世界大戦に参戦し（一九一七年四月）、恒久的な世界平和を実現するための戦いであると国民に訴えた。人種差別主義者が世界の恒久和平を訴える奇妙な現象であった。この矛盾が国際聯盟《れんめい》創設を議論するパリ講和会議の場で露呈した。

聯盟規約に関する最終会議（一九一九年四月一一日）で、日本全権牧野伸顕は、人種差別撤廃を聯盟規約序文にいれるべきだと訴えた。彼のスピーチは各国代表の心を揺さぶり、代表一六名のうち一一名が賛成した。それにもかかわらず議長のウィルソンは日本の提案を否決した。これまでの議決で一度も使われなかった満場一致ルールを適用しての否決だった。集団安全保障の国際組織を作ることはウィルソンの悲願だった。しかし自身が人種差別主義者であり、かつその政治基盤を民主党においていただけに、人種差別撤廃の主張などとても容認できなかった。これを許せば、新国際組織（聯盟）へのアメリカの参加は絶望的になる（ワシントン上院で必要な三分の二の賛成を得られない）。国内事情を考えれば何が何でも日本の主張を葬らなければならなかった。

皮肉なことにウィルソン大統領は日本の主張を退けたものの、ワシントン議会の承認を得られなかった。聯盟のメンバー国にはなれなかったが、オブザーバー参加を続け、聯盟の決定に関わり続けた。ウィルソン政権後は共和党が政権を奪還し、ハーディング、クーリッジ、フーバーと共和党の大統領が再び続いた。同党にとって不幸だったのは、一九二九年一〇月のニューヨーク証券市場の暴落に端を発した世界不況で、フーバー政権の人気が急落したことだった。

フーバーの後を襲ったのはフランクリン・デラノ・ルーズベルト（FDR）だった。ニューヨーク州出身ではあったが、人種差別意識の強い典型的な民主党の政治家だった。FDRは、南部で続く黒人リンチを禁止する法案（共和党提出）に対して徹底的に冷淡であった。ホワイトハウスの記者会見から黒人記者を排除した。真珠湾攻撃後には、強制収容政策を日系移民にだけ適用した。アメリカ国民となっていた日系人も半砂漠の土地に閉じ込めた。FDRは日本とドイツの敗戦を前に死去し（一九四五年四月）、副大統領のハリー・トルーマンが後を襲った。

トルーマンもミズーリ州出身の人種差別思想の強烈な人物だった。KKKの元メンバーでもあった。トルーマンが、日本への原爆使用に躊躇しなかったのはそのためであろう。トルーマンが広島への原爆投下が「無事」成功したとの報を聞いたのはポツダム会談からの帰途の大西洋上であった（一九四五年八月七日〔現地時間〕）。水兵らと昼食を共にしていたトルーマンはその「朗報」を聞くと喜びのあまり立ち上がり、「艦長、まさに史上最高の瞬間ではないか！」と叫んだ。

過去を隠すレトリック

筆者は冒頭で、「これまで学んだアメリカ史をいったん引き出しにしまって本稿を読んでいただきたい」と書いた。ここまで読み進められた読者はその意味を理解されたに違いない。アメリカの真の歴史を振り返れば、民主党が人種差別政党であることは歴然としている。しかし、一般の日本人がアメリカの歴史を詳しく学ぶことはほとんどない。それだけに、民主党がかつて進めた政治や外交を現在の民主党のイメージで読み解こうとする。それがどれほど間違った理解を生むかは読者には了解していただけると思う。

現代の一般のアメリカ人も民主党の歴史を知らない。だからこそ、ウッドロー・ウィルソンもFDRも偉大なる大統領のままなのである。

戦後になると、民主党の主たる支持層であった南部白人層、特に貧困白人層が相対的に豊かになっていった。豊かさが人種差別意識を緩和した。彼らは次第に共和党支持にシフトした。民主党は、人種差別政党として存続するレゾンデートルを失っていった。この劣勢を一挙に挽回する奇策が、党是を「市民権運動のリーダーである」と一八〇度転換させることだった。黒人を含めたマイノリティの人権を守る政党。弱者にやさしい進歩主義の政党。こうしたイメージを見事に作ってみせた。

彼らは、過去の民主党の人種差別的行状を覆い隠すために、あるレトリックを使った。人種差別の主体を「アメリカ人全て」だったことにしたのである。民主党が人種差別をしたのではなく「アメリカという国全体が人種差別的であった」ことにした。このレトリックは呆れるほどに効果的であった。この点について詳しく扱う紙幅は残っていないが、「華麗なる変節」に成功した民主党は、今では黒人層や他のマイノリティ人種から圧倒的な支持を集めている。もちろん現在の民主党支持者は同党の過去など知りはしない。

アメリカの歴史を正確に理解するには、民主党という政党を知る必要がある。それだけでも、心のプリズムの曇《くも》り（アメリカ史への無理解と誤解）を相当に拭《ぬぐ》うことが出来る。残った曇りの部分（戦後の民主党のカメレオン的変質と、民主党的思想を隠しながら共和党に潜り込んだグループによる共和党の悪化の経緯）についてはは機会をあらためて論じたい。

渡辺惣樹（わたなべ　そうき）１９５４年静岡県生まれ。東京大学経済学部卒業。カナ

ダ・バンクーバー在住。英米資料をもとに新たな日米関係史を構築。著書に『第二次世界大戦　アメリカの敗北　米国を操ったソビエトスパイ』、『日米衝突の根源　1858―1908』、『朝鮮開国と日清戦争　アメリカはなぜ日本を支持し、朝鮮を見限ったか』など。

第四章　ブックガイド

グローバル・ヒストリーとは何か

川北稔（大阪大学名誉教授）

グローバル・ヒストリーとは、歴史を国別にみる姿勢を拒否し、世界的なつながりを重視する歴史の見方のことである。今日、地球全体が一体化していて、遠く離れた地域の出来事も、日本人の日常生活に直結する。しかし、重要なことは、その「一体化した世界」の実体が何なのかということである。たんに世界中の出来事を並べ立てたり、相互のつながりを指摘するだけでは、意味のある歴史にはならない。多くの歴史家が「一体化した世界」を、資本主義的な構造をもつものと認めているのは当然である。

世界システム論の画期性

グローバル・ヒストリーがそういうものだとすれば、それは、16世紀から西欧を中心とした世界として誕生し、19世紀に西欧の産業革命が完成して、ほぼ確立した、といわざるをえない。このような立場を鮮明に示したのが、I・ウォーラーステインである。

イギリスが世界で最初に産業革命を展開し、最初の工業国家となったのは、インドを植民地化し、カリブ海で砂糖をつくり、北米植民地で綿花をつくれたからであって、イギリス人が優秀であったからではない、というのが、I・ウォーラーステインの『近代世界システム』（全4巻、名古屋大学出版会）や『史的システムとしての資本主義』（岩波書店）の立場である。各国が、相互に大きな影響を受けず、セパレート・コースで競走をしているような歴史のイメージは、非現実的である。そもそもドイツやイタリアが「国民国家」になったのは、明治維新の前後のことだし、インドやインドネシアは戦後のことである。現代の各国の枠組で、長い歴史を語るのは適切でない。

近代世界は、コロンブスらの大航海を転機として、16世紀に西ヨーロッパを「中核」、バルト海沿岸などの東欧と南北アメリカを「周辺」とする、商品や人や資金、情報などが相互に行き交う構造体として成立した。「中核」はこの構造のなかで大きな利益を獲得し、経済成長と工業化を達成していく。逆に、綿花や砂糖や煙草のプランテーションが展開した「周辺」では、低開発化がすすんだ。プランテーションに奴隷労働を提供する運命を強いられたアフリカもまた、深刻な低開発化を経験した。

他方、西欧は、東アジアやロシアやトルコとも交易をもっていたが、18世紀中頃までは、なお、それがないと西欧の体制が維持できないほどではなかったし、現地の体制も、西欧との関係を前提にしていたわけではない。つまり、これらの地域は、18世紀に吸収されるまでは、なお、西欧を「中核」とする近代世界システムの外にあった。

世界システム論のひとつの先駆となったのは、トリニダード・トバゴの独立を指導したE・ウィリアムズの『資本主義と奴隷制』（理論社／明石書店。訳は前者がよい）である。イギリス産業革命は、カリブ海やのちの合衆国南部における黒人奴隷の血と汗によってあがなわれたとする「ウィリアムズ・テーゼ」はながく無視されていたが、いまでは「周辺」からする世界資本主義の成立過程の分析として評価されている。『コロンブスからカストロまで』（I・II、岩波現代文庫）でもこの立場が貫かれている。ウィリアムズは、イギリス産業革命が、アフリカから拉致された奴隷たちが生産した砂糖や綿花によってはじめて成り立ったことを、当時の歴史学として可能な限り実証し、叙述した。

また、大洋をまたぐ大規模な経済体制を、日常的な生活史の立場から分析しようとした、フランス歴史学界の重鎮、F・ブローデルの『地中海』（全5巻、藤原書店）や『物質文明・経済・資本主義　15―18世紀』（全3巻各2分冊、みすず書房）も、大きな刺激となった。地中海世界や、のちにはより広汎な「世界」をとりあげたブローデルは、経済史に

「世界」という概念を持ち込み、日常の生活文化と世界的分業のつながりに注目したからである。

他方、理論的に世界システム論の先駆となったのは、A・G・フランクら、開発論上のいわゆる「従属派」であった。彼らが批判したのは、ラテンアメリカなどにみられる経済や社会の「低開発」状態を、イギリスやフランスのような市民革命をいまだに経験していない、いわば「封建社会」の段階の表れだとする「封建派」の立場であった。各国が資本主義や工業化といった、共通の発展段階を経て、同じゴール――近代の工業化社会――にむけて競走するイメージである。これに対して、「従属派」は、世界は一体化していて、ある国は近代資本主義国家なのに、別の国はまだ「封建」段階にあるなどということはありえない、とする。ラテンアメリカの現状は、資本主義的な西欧に「従属」させられている状態である。砂糖や綿花の奴隷制プランテーションは、西欧の資本主義のためにつくられた、資本主義的企業の一形態にほかならない。工場労働者だけが近代の労働者なのではなく、奴隷制も、東欧の再版農奴制も、近代資本主義に属する存在である。ただ、それらは世界システムの「周辺」の姿であるにすぎない。これらが「従属派」の主張である。

しかし、「従属派」の理論を受けついだウォーラーステインを、なおヨーロッパ中心的だとして批判し、地球上のあらゆる地域が平等に世界史に寄与してきた、と主張する歴史家もある。中国その他のアジア史を専門とする史家に多い立場である。そうなると、どこか他の天体から地球上の各地の出来事を、「客観的」に観察するようなことになり、結局、一体化した現代の世界の本質が何であるのかは問われない。これでは、現代世界の起源を問うという歴史学の目的は達せられない。現代の地球が「世界」構造をもったひとつの資本主義に覆われているとする点が、まじめなグローバル・ヒストリーの出発点である。

また、「世界」の本質を問題にしない歴史の見方は、具体的な歴史叙述の基礎とはなりにくい。その意味でも、一体化した現代世界の全体史の具体的な叙述を試みたウォーラーステインが、グローバル・ヒストリーの真の意味の始まりであった。具体的な歴史叙述を伴わない議論は、戦前・戦中のドイツの「世界史」や日本の「世界史の哲学」などと同じ抽象論で終わり、異様なアジア事大思想に陥りかねない。その意味で、砂糖という「世界商品」の生産から消費までを扱いつつ、世界システムの作用を叙述した入門書としてひろく読まれているので、(拙著ではばかられるが)『砂糖の世界史』(岩波ジュニア新書)を参照されたい。

ところで、ブローデルが16世紀の「世界」に、すでにアジアを含めていたのに対して、世界システムの根幹に大規模な「分業」体制をみるウォーラーステインは、16世紀西欧とアジアの貿易関係が、なお、両地域の社会の屋台骨を担う水準にはなかったと主張した。ここはひとつの論点である。

晩年のフランクもまた、ウォーラーステインはなおヨーロッパ中心史観的である、として批判を展開した（『リオリエント』藤原書店）。フランクによれば、アジアこそがかねて優位にあり、「近代ヨーロッパは、アジアの肩に乗ったにすぎない」という。もっとも、フランクの主張はあまりにも感情的で、実証性に欠ける。しかし、18世紀後半までの中国の経済が、イギリスなど西欧と肩を並べていたことは、多くの歴史家が認めている。

アジアと西欧の「大分岐」

とくに、アメリカの中国史家K・ポメランツ（『大分岐』名古屋大学出版会）は、この点を具体的な実例をもって、徹底的に実証しようとした。彼によれば、18世紀の西欧も、中国も（実際はイギリスと長江中下流域）、近世の経済発展の結果として深刻な資源危機に陥っていた。しかし、中国は停滞の淵に沈んだのに対して、西欧は、そこから工業化という「ブレイクスルー」を果たした。その最大の原因は、南北アメリカという開発可能で、当面無限ともいえる資源の宝庫を、「棚ぼた」式に獲得したことだという。こうして、西欧とアジアのあいだには「大分岐」が生じた、とポメランツはいう。もっとも、近代西欧の「発展」が、南北アメリカという「棚ぼた」の、超長期的開発ブームだったことは、何世代もまえにもW・P・ウェッブが『グレイト・フロンティア』（東海大学出版会）で主張していたことでもある。また、16世紀以降のイギリスが、人間の食糧としての穀物、工業用原料としての羊毛をとる羊や動力源となる馬に与える牧草、建築素材としての木材など、土地からえられる資源の絶望的な不足に悩まされていたことや、対外進出がその解決策になったことなども、とくに新しい主張ではない。イギリスにかんしては、筆者自身も同じ分析をしてきた。そのうえ、「棚ぼた」という発想は、歴史を偶然の結果に帰してしまうことになって、論理性に欠ける一面もある。

他方、いわゆる大航海時代に生じた、新旧大陸間の文物の伝播を「コロンブスの交換」と名付けた人類学者A・クロスビーの分析は、より説得力がある（『ヨーロッパの帝国主義』ちくま学芸文庫）。「新石器革命」、つまり、農耕・牧畜の始まりが遅れた南北アメリカやオセアニアの先住民は、人や動・植物のみならず、雑草や害虫、病原菌にいたるまでの「ヨーロッパ系」文物の侵食に耐えられず、おおかた絶滅させられた。その結果、彼らの広大な土地が生態環境的に「ネオ・ヨーロッパ」化された、と彼はいう。他方、アジアは、ヨーロッパと同じユーラシア大陸にあって、早期に「新石器革命」を経験していたので、「ネオ・ヨーロッパ」化することはなかったとした。アジアやアフリカも植民地化されたとはいえ、その住民が「保護区」で辛うじて生き残っているというような状況にはなく、今日では、自らの政治的自立性をほとんど回復している、と彼はいう。

西欧の工業化に他の地域が決定的にかかわったことだけでなく、南北アメリカやオセアニアの先住民文化に比べて、アジア——アフリカでさえ——がもっていた「強み」を指摘した点で、クロスビーの議論は魅力的である。

東アジアの勃興をどう捉えるか

しかし、そうなると、現代のグローバル・ヒストリーとしては、なおひとつ大きな問題が残る。20世紀末以降、明白な動きとなっている「東アジアの勃興」には、新石器革命以来の伝統があるとしても、それは、かつての「西欧の勃興」と同じかたちの発展なのかどうかである。言いかえれば、「東アジアの勃興」もまた、国の内外に従属的な「周辺」ないし「ネオ・アジア」をつくり出しつつあるのか、そういうものを生み出さない、まったく新たな形態の発展をとげつつあるのか。たとえば、中国経済の動向はそのどちらを指しているといえるのか。日本の場合はどうなのか。

残念ながら、東アジア地域の経済を一体として扱う見方そのものが、なお十分に確立しているとはいいにくい。したがって、この問題にはなお答えも出ていないが、さしあたり、杉原薫『アジア太平洋経済圏の興隆』(大阪大学出版会)が、この分野の第一人者による平易な解説として興味深い。

ところで、ウォーラーステインの世界システム論には、「覇権国家」という概念があり、17世紀中頃のオランダ、19世紀中頃のイギリス、20世紀後半のアメリカがあたるとしている。「覇権」とは、特定の一国が、生産・流通・金融のすべての部門において絶対的競争力を確立した状態のことであるが、「覇権」状態は、すべて数十年で消滅し、「中核諸国」の並立する通常の状態に戻る。「覇権国家」では、福祉や賃金の水準が上昇し、「中核」のなかでの競争力を失うからである。彼のいう「覇権」を、伝統的な政治学の用語と混同してはならないが、現代世界におけるアメリカの位置をどうみるかという問題とからんで、注目されてもきた。トランプ政権下の孤立主義の台頭をみると、アメリカの「覇権」の消滅は明白である。しかし、「ポスト・アメリカ」の世界がどうなるのかは、東アジアの台頭の本質を見定めなければ、判定できない。一つ前のイギリスの「覇権」の盛衰と、その世界的影響については、秋田茂『イギリス帝国の歴史』（中公新書）が、アジアの問題と関係づけて論じていて、示唆にとんでいる。

川北稔（かわきた　みのる）　１９４０年大阪府生まれ。京都大学大学院文学研究科博士課程中退。専攻は西洋史学。文学博士。著書に『工業化の歴史的前提　帝国とジェントルマン』、『洒落者たちのイギリス史　騎士の国から紳士の国へ』、『イギリス近代史講義』など。

評伝・自伝で人物の内面に迫る

東谷暁（ジャーナリスト）

評伝や自伝は一時人気がなくなっていた。歴史の複雑な構造に比べて個人が対象とされる伝記は単純に思われたからだろう。しかし複雑な歴史を知るにしても、人物の成り立ちと内面に迫ることは不可欠なのだ。ここでは近現代の政治家を中心に何冊か紹介しよう。

リットン・ストレイチー著『エリザベスとエセックス　王冠と恋』（福田逸訳　中公文庫）は、二〇世紀伝記文学における代表作として知られる。中世から近代への移行期にある英国の女王エリザベス一世を描き出す手法として、寵臣《ちょうしん》エセックス伯との「恋」を用いた。

エリザベスの宮廷にエセックス伯が伺候するようになったのは、彼が二十歳になる前だった。まだ腕の細い少年だったエセックスを、五十代の女王は愛するようになり、それに応《こた》えようとエセックスは、あたかも中世の騎士のように振る舞いはじめる。

ちょうど英国はスペインとの覇権争いの最中にあり、やがてエセックスは艦隊を率いて戦い、女王に勝利を持ち帰る。仮初《かりそめ》の栄光はエセックスに英国民の称賛をもたらすが、同時に、女王の寵愛を支配できるとの傲慢《ごうまん》も兆し始め、やがて悲劇の影がしのびよる。

歴史家は寵愛を恋とするのに躊躇するが、ストレイチーは燃え上がる愛憎をひとつの恋愛とみなした。「知は力なり」で有名なフランシス・ベーコンが謀略家として暗躍するのも興味深い。片岡鉄兵訳は青空文庫で読むこともできる。時代背景を知るには青木道彦の『エリザベスI世』（講談社現代新書）をひもとくとよい。

謀略家の肖像

謀略家といえばシュテファン・ツワイクの『ジョゼフ・フーシェ　ある政治的人間の肖像』（高橋禎二・秋山英夫訳　岩波文庫）に描かれたフーシェこそ、まさに謀略に魅せられた人間だろう。

フランス革命期にジロンド派として登場するが、革命の激化によりジャコバン派に転じリヨンの大虐殺を断行。「テルミドールの反動」を画策しロベスピエールを葬り、総裁政府では警察大臣に就く。ナポレオン台頭後は帝政を支え、王政復古の時代まで生き延びた。

この世で誠実が重いものなら、とても信じられない振る舞いだが、本当にこのような人物がいたという事実を、ツワイクの筆は生き生きと描き出す。バルザックの『暗黒事件』にヒントを得たといわれ、同小説ではフーシェは「闇の天才」と呼ばれている。

一九七〇年代から八〇年代にかけて、辻邦生が『フーシェ革命暦（Ⅰ・Ⅱ）』（文藝春秋）でこの人物に取り組んだ。ユリアヌス、信長、西行といった、屈折があっても一途な人間を好んだ作家が、この謀略家をどのように描いたかは読んで頂くしかない。心理的考察は鹿島茂著『ナポレオン　フーシェ　タレーラン　情念戦争1789―1815』（講談社学術文庫）を参照のこと。ツワイクはみすず書房に全集がある。

エーリッヒ・アイク著『ビスマルク伝』（救仁郷繁訳　ぺりかん社）は、八冊の大作だが、一九世紀ヨーロッパ大陸の重苦しさがビスマルクの生涯とともに感得できる。

プロイセンの田舎貴族だったビスマルクが、官界、政界でしだいに頭角をあらわし、ヴィルヘルム一世のもとで宰相をつとめ、プロイセンを中心としたドイツ帝国を作り上げる壮大な物語。しかしそのためにビスマルクが行なった陰謀画策はあまりに細かい。

政界で活動し始めたころ、周囲の者たちは彼が抜きんでた政治家になるなどとは思っていなかった。ただし、発想が違うのはたしかだった。自分と同時代の政治家だと見なして会いにいったのが仏皇帝ナポレオン三世である。このとき、ビスマルクが将来プロイセンの宰相となり、二人が「普仏戦争」を戦うことになろうとは誰も予想しなかっただろう。近年は「鉄血宰相」と称される虚像を修正する作品が多い。ジョナサン・スタインバーグの『ビスマルク（上・下）』（小原淳訳　白水社）は複雑な性格に重点を置く。研究の新傾向を知るには飯田洋介『ビスマルク　ドイツ帝国を築いた政治外交術』（中公新書）。

ウィンストン・チャーチルの『わが半生』（中村祐吉訳　中公クラシックス）を読むと、同じ一九世紀でも英国人は、ずいぶんと明るかったのだと思えてしまう。ただし、自伝は書いていないことも読まねばならない。

幼少期、チャーチルが夢中になったのは兵隊人形のコレクションだった。名門のハロー校に入学するが、ラテン語がまったくできず、大学進学をあきらめ陸軍士官学校に入学して騎兵将校となった。

伯父は名門貴族マールバラ公爵であり、父は若いうちから保守党の政治家として活躍していて、父とともに議会で論敵をやっつけることを夢見たという。美しい母はアメリカの大富豪の娘で社交界の華だったが、自伝ではあまり多くを語っていない。

士官学校時代にキューバで戦闘を視察し、インドやスーダンで自ら戦い、退役して従軍記者となったボーア戦争では、捕虜となり脱出して喝采を浴びる。チャーチルが下院選挙で当選したのは名門の家柄も大きいが、面白い戦記を書く人気者だったからなのである。

本書は一九三〇年刊なのに、海軍相を務めた第一次世界大戦の話は出てこない。ガリポリの大敗は自伝には入れたくなかったのか。この欠落を読むにはポール・ジョンソンの『チャーチル　不屈のリーダーシップ』（山岡洋一・高遠裕子訳　日経BP社）。カルロ・デステ『ウォーロード』（未邦訳　ハーパー・コリンズ社）はチャーチルの主な関心が政治ではなく戦争だったと分析した異色の評伝。

社会構造か個人の意図か

第一次世界大戦後のヨーロッパに目を向けるには、イアン・カーショー著『ヒトラー（上・下）』（川喜田敦子・福永美和子訳　白水社）がある。上巻の副題は「傲慢」、下巻は「天罰」。ただし、上下巻とも片手で持つには重すぎる。

ヒトラーが、戦後ミュンヘンにできた「赤色政府」に加担したという話は有名だが、さらに、ナチスで頭角をあらわしてからも、ヒトラー自身は「太鼓叩き」に甘んじていた。それが急速にドイツの「救世主」となっていく経緯が実に細かく記述されている。

著者は、ヒトラーを知るには歴史や社会を構造的に分析する必要があると論じる「構造派」。ヒトラーの意図を記述していく「意図派」には批判的だった。ところが、この大著に取り掛かったのは、やはり伝記のかたちで書くことが必要と考えたからだという。

カーショーは『ヒトラー神話』（柴田敬二訳　刀水書房）で、旧来のヒトラー解釈を詳細なデータに基づいて批判し、『ナチ独裁　解釈の問題と展望』（未邦訳　ブルームズベリー社）では構造派と意図派を比較研究するなど、膨大な研究を発表していた。

ジョージ・ケナンの『ジョージ・F・ケナン回顧録（Ⅰ〜Ⅲ）』（清水俊雄・奥畑稔訳　中公文庫）は、冷戦下における対ソ連「封じ込め」を提案した米外交官による自伝的な回顧録である。

もともと、文学好きなやさしい少年だった。しかし、プリンストン大学で政治学を学ぶうちに外交に興味をもって国務省に入省。ロシア語習得とソ連研究のためにヨーロッパに派遣され、第二次世界大戦中には鋭い視点で政策提言をするようになっていた。

ケナンが考えた「封じ込め」とは必ずしも軍事的に圧迫することではなく、ソ連国内の社会的な成熟を待って、外交的に困難な時期を乗り切り対話に持ち込むことだった。しかし、アメリカの対ソ連政策は、核兵器競争による軍事論に傾くことが多かった。

こうした傾向を嫌ってケナンは一九五三年に国務省を辞し、大学に戻って外交史の研究者となった。ソ連が崩壊したとき議会に招かれスタンディング・オベーションで顕彰されるが、この時、いかなる思いが脳裏に去来したことだろうか。ジョン・ルカーチ著『評伝ジョージ・ケナン』（菅英輝訳　法政大学出版局）は、ケナンの友人による伝記である。

東谷暁（ひがしたに　さとし）１９５３年山形県生まれ。早稲田大学政治経済学部卒業。「ザ・ビッグマン」編集長、「発言者」編集長などを歴任。『世界史を変えた詐欺師たち』、『経済学者の栄光と敗北　ケインズからクルーグマンまで14人の物語』など著書多数。

共産中国の深層には今も伝統的な中国社会が息づいている

梶谷懐（神戸大学教授）

日本における中国報道は、経済であれ政治であれ、とにかく極端にブレやすい。中国社会の表層的な変化に目を奪われることなくニュースや新聞報道の背景を読み解くには、その社会の成り立ち、特に日本社会との異質性を歴史的な視点からとらえることが不可欠だ。

まず教養として押さえておきたいのが、ケネス・ポメランツ『大分岐―中国、ヨーロッパ、そして近代世界経済の形成』（名古屋大学出版会）による問題提起だ。同書においてポメランツは17世紀から18世紀にかけての中国、特に長江下流域において西欧社会とほぼ同じような「スミス的成長」すなわち分業の進行と近代的な工業化の萌芽がみられたことを強調し、歴史学界に侃々諤々《かんかんがくがく》の議論を巻き起こした。では、その後近代的な工業化が西欧のみで生じ、中国で生じなかったのはなぜか。前者ではちょうど同時期に薪炭などの土地制約的な燃料から石炭への転換と、その海外植民地からの輸入が進み、経済発展が土地による制約から解放されたから、つまりたまたま外部環境が西欧にとって有利だったからにすぎない、というのがポメランツの主張だ。

このような議論は、中国経済のあゆみを欧米モデルとは別個の経済発展モデルとして高く評価する、いわゆる「新左派」の知識人による議論に、一種「お墨付き」を与える役割を果たした。ただし、日本における中国史の専門家の中には、西欧に「アジア」を対比させる『大分岐』の議論は、中国と日本を安易に一つの類型としてまとめてしまっており、近代以降の日本と中国における工業化の成功の違い（いわゆる「小分岐」）を十分に説明できていない、などと批判的にみるものも少なくない。

異なる日中の社会構造

こうした日中の近代化に向けた歩みの違いを、前近代における社会構造の違いからわかりやすく整理したのが岡本隆司『中国「反日」の源流』（講談社選書メチエ）である。同書によれば、中国と比べて日本の前近代社会における統治は、治者と被治者の距離が近い点で際立っている。たとえば、江戸時代の為政者によってしばしば唱えられた「百姓は生かさぬように殺さぬように」などの心得は、むしろ治者による被治者である農民の生活への一種のパターナリズム的介入、すなわち「距離の近さ」を表わしたものとして理解すべきだという。一方、古来「鼓腹撃壌《こふくげきじょう》」が治者の理想とされた中国では、江戸時代と同時期の清朝においても国家と社会の乖離《かいり》が著《いちじる》しかった。たとえば、歴代王朝やその官僚機構が庶民の生活に介入するのは、伝統的に「刑罰」と「徴税」の二つの局面に限られていた。江戸時代の幕府のように、為政者が民衆の生業・生活を直接関知し、具体的な政策を実行することもなかったし、統治に関する被治者との協同関係も基本的には存在しなかったのである。

　さて、岡本が指摘したような日中における社会の成り立ちの違いは、いまだに両国間の関係に暗い影をおとす戦争経験、とくにその「戦時動員」のあり方の違いにも深くかかわってくる。たとえば、伝統的な中国農村では、基本的に日本のような「村落共同体」が存在せず、経済外の身分的な制約によって土地に縛り付けられることはほとんどなかった。つまり、逃げようと思えば他の地域に逃げるのは比較的容易だったのだ。ここに、今でも戦時中を描いたドラマで繰り返される「赤紙一枚で否応なく戦地に召集されていった」、つまり、社会における共同体的な相互監視や、束縛が強く、「逃げるに逃げられなかった」日本社会との大きな違いが存在する。

笹川裕史『中華人民共和国誕生の社会史』（講談社選書メチエ）は、国民党の「最後の砦」として日中戦争ならびに国共内戦期に食糧・兵士の補給地として重要な役割を果たした四川省を対象に、中国社会における「戦時動員」のあり方を描いた力作である。「赤紙一枚で兵士が召集されていった」日本に比べ、共同体的紐帯《ちゅうたい》の低い中国社会における戦時徴発は時にあからさまな暴力を伴う、苛烈《かれつ》なものとなった。また総力戦を勝ち抜くための戦時徴発は、農村に於ける富めるものと貧しいものの格差を拡大し、後者の生存権を脅かすまでになった。そんななかで、生存を脅かされた貧者の怨嗟《えんさ》は身近な搾取《さくしゅ》者である在郷の地主たちに向かった。こうして、過酷な戦時徴発の実施は中国農村における疑似階級対立ともいうべき激しい闘争の原因となり、それが共産党による土地改革を受け入れる土壌を形成した、というのが笹川の主張である。このように、「なぜ共産党が権力を掌握できたのか」を理解する上でも、日本とは異なる中国農村の特徴を理解することは欠かせない。

通貨で中国近現代史を読み解く

伝統的な中国社会の特徴を理解するうえで、その複雑な通貨制度を外すことはできない。黒田明伸『貨幣システムの世界史―〈非対称性〉をよむ（増補新版）』（岩波書店）が強調するのは、現地での農作物の取引に用いられ、したがって季節によって大きく重要な変動が生じる「現地通貨」と、地域間・国家間の決済に使われた「決済通貨」という二つの通貨の「非対称性」である。両者の間に潜む緊張関係を解消するため、主に二つの異なる対応がとられた。一つは、商人間の「信用」を多角的に決済するシステムを作り上げ、現地通貨を省略しようとするもので、イングランドなど西欧の国家が歩んだ道がこれにあたる。もう一つは、地域限定の「現地通貨」を地域の需要の変動に対して柔軟に供給していくという、伝統中国でみられた道であった。前者は、国家などの債務の履行を強制する強い機関に支えられ、やがては中央銀行を中心とした一国一通貨的な国民国家のシステムへと統合されていく。後者の場合、決済通貨と現地通貨の矛盾は解消されることなく、「銀両」という秤量《ひょうりょう》通貨（重さによって価値が定められる通貨）と、農村などで流通する銅銭が併用して使用される「銀銭二貨制」として、中国が近代国家の建設を目指し始めてからもかなりの時期にわたって温存された。このような貨幣システムの違いと近代的な市場経済システムとの関係性を理解することは、ビットコインなど国家が管理できない仮想通貨の台頭がこれからの中国経済に与える影響を考える上でも有用だろう。

さて、現代中国の通貨たる人民元は、これからのグローバル資本主義経済の中でどのような役割を果たすのだろうか。吉岡桂子『人民元の興亡―毛沢東・鄧小平・習近平が見た夢』(小学館)は、中国共産党が根拠地で農民から物資を調達するために地域通貨「辺幣」「抗幣」を細々と発行していた話から説き起こし、名実ともに大国となった中国が元の国際化やAIIB(アジアインフラ投資銀行)を通じていかにグローバルな影響力の拡大をはかっているか、までを幅広く取り上げた好著だ。

著者の中国経済や日中交流史の生き証人たちへの貴重なインタビューに基づいた「通貨から見た中国近現代史」から浮かび上がるのは、共産党が政権の座につく以前の中国における独特な貨幣システムが、現在の状況に与えている「刻印」だ。例えば、突如AIIBへの参加を表明し、日本政府関係者を驚愕《きょうがく》させた英国政府の姿勢は、国内通貨の統一問題に頭を悩ませていた蔣介石の国民政府が、リース・ロス使節団による提言をはじめ、英国政府の全面的なバックアップを受けて幣制改革を実現させたことを彷彿《ほうふつ》とさせる。また、その国民党から人心が離れる最大の原因となった、国共内戦期のハイパーインフレーションの記憶がまだ人々によって語り継がれる中、経済政策の担当者がいかに庶民の生活を圧迫するインフレの再燃を警戒してきたか、ということもよく分る。「通貨」の問題は人々の生活に直結するがゆえに「政治」「権力」の問題とも不可分であることを、毛沢東の肖像で埋め尽くされた中国の紙幣たちは何よりも雄弁に物語っている。

梶谷懐（かじたに　かい）　１９７０年大阪府生まれ。神戸大学大学院経済学研究科博士課程修了。専門は現代中国経済論。著書に『「壁と卵」の現代中国論　リスク社会化する超大国とどう向き合うか』、『日本と中国、「脱近代」の誘惑　アジア的なものを再考する』、『日本と中国経済　相互交流と衝突の１００年』、『中国経済講義　統計の信頼性から成長のゆくえまで』など。

第五章　歴史の教訓

史上「最も幸せな国」はどこだ？

出口治明（立命館アジア太平洋大学学長）

私たちはよく「トランプ大統領の政策でアメリカはよくなるのか」と話し合ったり、「いまの日本はよい国なのだろうか」と考えたりします。このときの〝幸せな国〟とは、そもそもどんな状態を指しているのでしょうか。

歴史の話をしていると、戦争に勝ったり領土を広げたりする「最強の国はどこか」はしばしば話題になりますが、そこに暮らした人々にとって〝最高の国〟、最も住みやすかった国はあまり論じられません。そこで今回は最も暮らしやすいという意味での〝最高の国〟の条件を考えてみたいと思います。

まず具体的な例をひとつ挙げてみましょう。五千年にわたる人類の歴史を紐解くと、過去にさまざまな国が生まれ、消えていったことがわかります。そのなかで〝最高の国〟を挙げろといわれたら、私がまず思い浮べるのは「五賢帝の時代」、つまり古代ローマ帝国の西暦九六年から一八〇年までの期間です。十八世紀に『ローマ帝国衰亡史』を著したイギリスの歴史家エドワード・ギボンは「人類にとって最も幸福だった時代」と呼びました。それは少し大げさな表現だとしても、〝幸せな国〟を考える場合に、有力なモデルの一つであることは間違いないでしょう。

五賢帝とは、ローマ帝国の第十二代から十六代までの皇帝であるネルウァ、トラヤヌス、ハドリアヌス、アントニヌス・ピウス、マルクス・アウレリウス・アントニヌスを指し、その期間はネルウァ＝アントニヌス朝と呼ばれます。この時期、嫡子がいないなどの理由から、いずれも世襲ではなく養子によって皇位が継承されたことも見逃せません。

横暴だった第十一代皇帝ドミティアヌスが暗殺されると、元老院が次の皇帝として推挙したのが、穏健な六十六歳のネルウァでした。ネルウァは一年半ほどでこの世を去り、二人目のトラヤヌスがその養子となって皇帝を継ぎます。

トラヤヌスは二つの大きな戦争に勝ち、ローマ帝国史上で最大の版図を実現した一方、国内では公共施設などを充実させました。三人目のハドリアヌスは、東側のメソポタミアとアルメニアを放棄して国境の安定化を図り、在位した二十一年の間にローマ帝国を根底から固め直しました。二度にわたって長期の視察に出て帝国内をくまなく見てまわり、官僚制度や行政制度を整備して法制度を改めたのです。

ハドリアヌスの路線を引き継いだ四人目のアントニヌス・ピウスに至っては、二十三年近くの治世で、大きな事件は何も起きていません。歴史の年表でみると、特筆されている事項がほとんどなく何とも退屈な時代に思えますが、そうではありません。歴史年表というものを見れば分かりますが、そこに大書されているのは戦争や大災害といった〝異常事態〟であり、人々の安寧《あんねい》な生活を脅かすものばかりです。「事件が何もない」アントニヌス・ピウス時代こそ、人々が平穏と繁栄を謳歌《おうか》した時代でした。実際、彼はローマを離れることさえほとんどありませんでした。ハドリアヌスのように何年もかけて視察の旅に出ることなしに、国内が治まっていたからです。そのような国内の安定と繁栄は、五人目のマルクス・アウレリウス・アントニヌスまでつづきました。

五賢帝の時代はおそらく、僕が考える〝幸せな国〟〝最高の国〟の条件をほとんど満たしていたようです。

お腹いっぱい食べられなかった江戸時代

僕が考える〝最高の国〟の条件とは、簡単な話で、人間の素朴で基本的な欲求が満たされている状態です。例えば、お腹いっぱいごはんが食べられる。夜は快適な寝床でぐっすり眠れる。カップルが安心して子どもを産み、育てられる。

食べて寝て子孫を残すだけなら、動物と変わらないというのなら（僕は、基本、人間も動物だと考えていますが）、好きなところに住んで、好きな仕事をして、思い切り上司の悪口が言える、という条件も付け加えましょう。すなわち移動の自由、職業選択の自由、言論の自由があることです。

では、遠い過去にこれらの条件がどれだけ満たされていたか、どうやって知ればいいのでしょうか。

先ほど紹介したハドリアヌス帝は、詩人のフロルスから、彼の熱心な地方巡察をこう揶《や》揄《ゆ》されました。

〈皇帝なんかになりたかない。ブリトン人の間をうろついて。あちらこちらを彷徨《さまよ》って。スキュティア人の住まう地の冬を我慢しなければならないから……〉

これに対してハドリアヌス帝は、詩人を捕らえたりはしないで、その詩を真似て、こう返したのです。

〈フロルスみたいになりたかない。安料理屋の間をうろついて。居酒屋に潜んだり。まるまる太った蚊の餌食になることを我慢しなければならないから……〉

皇帝は究極の上司です。この皇帝と詩人のやりとりを見るだけでも、当時のローマに言論の自由があったことがうかがえます。どこかの大統領が記者会見で、自分を批判したメディアの記者に質問させなかったのとは大違いです。

「夜、安心して眠れたかどうか」は、戦乱などのない平和な状態がどれくらい長期に維持されたかの目安になります。「お腹いっぱい食べられて、安心して子どもが産める」かどうかは、その時代の人口増加率や平均寿命、体格の変化などが手がかりになります。近年の歴史人口学や考古学などの発展によって、そうした過去のデータが次第に明らかになってきました。

例えば、江戸時代について「平和が二百年以上もつづき、独自の文化が発達したよい時代」と言われることがあります。たしかに戦乱の世が治まり、大きな戦争や内乱がなく、夜はぐっすり眠れたかもしれません。ただ、お腹いっぱい食べられたかどうかは大いに疑問です。江戸時代、特に末期の平均身長は男性で百五十五センチ、女性が百四十三センチ、平均体重も男性で五十キロ台だったという推定値があります。古墳時代に始まる他の時代に比べても身長が低く、日本の歴史で最も貧弱な体格だったと考えられています。しかも江戸時代は、身分制度によって職業選択の自由もなく、移動の自由も制限されていました。

江戸時代が〝幸せな国〟とは言いがたい根本原因は、鎖国にあると僕は考えています。外国との交易が盛んな国ほど経済が発展しますから、「お腹いっぱいごはんが食べられる」ことの基本的な条件は「開国」にあるのです。さらに運が悪かったのは、江戸幕府が鎖国している間に、ヨーロッパで産業革命とネイション・ステイト（国民国家）の形成という人類最高のイノベーションが二つも起こってしまったことです。そこから生じた高度成長に、江戸期の日本はキャッチアップできませんでした。

世界のGDP（国内総生産）シェアでみると、鎖国前の日本は四～五％を占めていたのが、江戸末期には二％ちょっとに減っています（ちなみに戦後の日本は、ピーク時で九％前後、いまでは四～五％程度）。軍事力も、戦国時代には鉄砲の数が世界最多と最強レベルだったのが、鎖国している間に大差をつけられてしまった。世界との壁を作ることのデメリットはそれほど大きいのです。

豊かさの最重要条件は？

誰もがお腹いっぱいごはんを食べられるのは、経済的に豊かな国、現在ならGDPが大きい国です。その経済力を生み出すのは何か。一見、自然条件に恵まれ、土地の肥えていることや、石油をはじめとする資源が豊富であることが思い浮かびますが、それは必ずしも最も重要な条件ではありません。

豊かさのための最重要条件、それは交易だと僕は考えています。なぜならひとつの生態系というのは本来貧しいもので、その地域で生産されるものには限界があるからです。交易とは、自分の生態系にはない、もしくは乏しい産物を互いに交換することですから、それが円滑になることで確実に豊かになるのです。近代でいえば、ネーデルラントや大英帝国のように、国土が狭くても盛んな交易によって最も豊かな国になることができるのです。

しかも、外国から新しい品物が入ってくれば、その技術を学ぶことで文明が発達します。例えば鉄です。鉄器はBC五〇〇年頃からユーラシア大陸全体で普及しはじめ、日本には縄文時代の晩期に北九州に伝わり、一世紀頃にそれまでの石器と入れ替わったと考えられています。これは大変なイノベーションでした。鉄が入ってくる前は、田畑の土を耕すのも、木の道具を使っていたのですから、想像するだけでもすごくしんどい。そこへ鉄製の鍬《くわ》やスコップのようなものが登場したのです。その頃の産業は主に農業ですから、生産性が飛躍的に向上して、GDPは一気に高まったはずです。これは日本だけでなく、鉄器が普及する過程で世界各地で起こったことです。

鉄鉱石が乏しい日本は、弥生時代から鉄鉱石が豊富な朝鮮半島から鉄を輸入していました。国内では輸入した鉄を加工する技術があるだけで、遺跡などを見ても、五世紀頃まで製鉄の跡は残っていません。北九州と朝鮮半島の間を、丸木舟のようなもので行き来し、おそらく人間（兵士、奴婢）と鉄を交換していたのでしょう。

弥生時代の九州では、木の道具だけで農業をつづけても、それで食べていける人数には限りがあったでしょう。しかし生態系になかった鉄が加わることでイノベーションが起こり、従来の数倍、数十倍の人が食べていけるようになる。これが交易によって文明が発展し、国が豊かになる基本原理です。

交易は、一般に考えられている以上に大昔からあったようです。例えば青森県の三内丸山遺跡はおよそ五千年前のものですが、そこからは新潟県の糸魚川周辺で採れる翡翠《ひすい》が発掘されています。これは五千年前から約六百キロも離れた青森と新潟間で交易があったという証拠ですが、おそらく陸路でなく、海路で運んだのでしょう。陸路は地図上では近くに見えても、実際は山あり谷ありで距離が長く、難所も多い。山賊などに狙われることもあります。海路も危険はありますが、陸路に比べれば安全性が高く、相対的に低コストでした。世界史に見られるほとんどの交易は、基本は海路（水路）を使っていたと考えられています。

道路で栄えた大帝国

歴史上には、世界帝国と呼ばれるような大帝国がいくつもあります。その重要な要素のひとつが「道路」です。始皇帝の秦もローマ帝国も道路建設に熱心でした。こうした道路網は軍事、情報、交易のすべてを支える最重要のインフラだったのです。そのモデルとなったのが、アカイメネス朝ペルシア帝国（BC五五〇〜BC三三〇年）でした。

第四代のダレイオス大王（在位BC五二二〜BC四八六年）は、広大な版図の全体に「王の道」と呼ばれる幹線道路を張り巡らしました。道路網の各地に宿駅が置かれ、そこには守備隊と元気な馬がいました。どこかで反乱が起これば、宿駅の守備隊が馬に乗って王都スーサまで知らせに走ります。各地の宿駅に元気な人間と馬を配備してあるので、リレー方式で早く情報を伝えることができたのです。

アレクサンドロス大王が築いたマケドニアの大帝国は、実質的にはアカイメネス朝の版図を乗っ取ったものですし、古代ローマが一二〇年前後に完成させた「すべての道はローマに通ず」で有名なローマ街道も、王の道の物真似でした。

ローマが広大な帝国の治安を維持できたのは、網の目のようにつながる石畳の道路網があったからです。王の道と同じように、どこかで内乱や侵略が起これば、すぐローマに情報が伝わる。するとローマから早馬を走らせて、例えばウィーン駐在の軍隊に「ちょっと行って殴ってこい」と制圧の指示が出せます。それで足りなければ、ローマから援軍を送る。そのような迅速な指示ができたのも道路網があったおかげなのです。

五世紀にローマ帝国の西側（西ローマ帝国）が滅んだのは、その完備された道路網が失われたことも大きな原因のひとつです。四世紀中頃から侵入してきた蛮族によって道路がズタズタに寸断され、馬や兵がいた駐屯地を奪われることで、治安維持の基盤だった情報インフラが機能しなくなったのです。

実は、ローマ帝国がキリスト教を国教としたのもこの情報パイプを失ったことと大いに関係があると思います。当時、キリスト教会は、都市部の大教会をハブにして、地方の小教会を結ぶネットワークを構築していました。それが道路網崩壊の後に重要な情報伝達の手段となっていたのです。テオドシウス帝（在位三七九～三九五年）がキリスト教を国教に定めたとき、アンブロシウスというミラノ司教が暗躍して、それほど賢くはない皇帝に「キリスト教を庇護《ひご》すれば、そういうメリットもある」と持ちかけたのだろうと私は想像しています。

そして、キリスト教が国教になると、他宗教の人たちは住みにくくなります。ギリシャの古代オリンピックも中止されます。オリンピックとは、キリスト教にとって異教の神であるゼウスを崇《あが》める祭典だからです。このときにローマ帝国は、それまであった〈寛容さ〉をひとつ失いました。大帝国とは、様々な民族、様々な宗教の共存によって成り立っています。寛容さの喪失は、大帝国崩壊への道でもありました。

「関所」と「山賊」はほとんど同じ

電話やインターネットがない時代、遠い土地の情報を運んでいたのは、商人や旅人などの長い距離を移動する人たちでした。新しい情報が入ると商人が出かけていって品物を売り買いして運んでくる。情報がビジネスを生むことは昔も今も変わりません。この道が危険であったり、途中に障害があったりすると、交易の妨《さまた》げになります。あちこちに山賊や海賊などが出るようでは、商人はその道を利用しなくなります。

モンゴル帝国（一二〇六〜一六三四年）の第五代皇帝クビライ（在位一二六〇〜一二九四年）は、恐ろしく合理的かつ近代的な思考の持ち主で、画期的な交易システムを構想して、世界で初めてグローバリゼーションを実現しました。

当時の基軸通貨は銀でした。クビライが考え出したのは「銀の大循環」と呼ばれるシステムです。

例えば、大都（現在の北京）にあるクビライの宮廷に、彼の実弟フレグが治めるフレグウルス（ウルスは「国」の意）から年賀の使者が来たとします。その国の都タブリーズは、はるか遠くのアゼルバイジャンの近くにあるのですが、お正月などには、はるばる貢物を持って大都にやってくるのです。クビライはその使者に、「銀錠《ぎんじょう》」という重い銀の塊を与えます。フレグの使者はこの銀錠を持ち帰りますが、自分たちは商才がないので、オルトクというアラビア人やペルシア人の商人に渡して「これを貸してやるから倍にして返せ」と命じます。つまり王族たちはクビライにもらった銀錠でオルトクに投資するわけです。オルトクは海路で中国まで行き、絹や陶器、お茶などを買い込み、その代金を銀錠で支払います。クビライ政権は塩税と消費税を基本としていましたから、消費税で銀錠を吸い上げます。このようにフレグの使者に渡した銀錠がまた大都に戻ってくるので「銀の大循環」と呼ぶのです。

このシステムによって、ユーラシア東方の交易は最盛期を迎えます。クビライによって陸路と海路が結ばれ、初めてユーラシア規模のグローバリゼーションが実現したのです。

この交易システムは、陸路でも海路でも、商人たちが安全に通行できることが前提です。

そこで、クビライは関所を取り除きました。関所というと公のもの、山賊、海賊というと悪いものというイメージがありますが、実は両者はほぼ同じものです。その土地の豪族が権力から公認されて、商人や旅人からお金を取り上げるのが「関所」で、民間団体が勝手に行うのが「山賊」「海賊」というだけのこと。どちらも商人にとってはそれだけコスト高になって、交易の妨げになります。

交通の安全を確保するために山賊や海賊を退治し、関所を取り除いたクビライの考え方は、織田信長の楽市楽座に通じるものがあります。両者は共に規制緩和を進めて自由交易を活発化させたのです。

大旅行者は治安がよい国のあかし

日本には二〇一六年に二千四百万人もの外国人観光客が訪れました。五年間でなんと四倍にも増えたのです。なぜこれほど急激に増加したかといえば、ビザ（入国査証）の発行について規制を緩和したからです。つまりビザとは携帯版の関所なのです。

旅行者が多いことは、移動の自由があることを意味します。国内が安定して治安がよく、経済的に豊かで魅力がある国ほど旅行者は増えます。その意味では、歴史に名を残す大旅行者が現れるのも、〝幸せな国〟の目安となるでしょう。

たとえば『西遊記』の三蔵法師。正しくは玄奘三蔵《げんじょう》（六〇二〜六六四年）は六二九年にインドの仏典を求めて、第二代皇帝太宗が治めていた唐を出発しました。

インドという国は地形的に統一しにくい地域です。遊牧民の侵入によって、五五〇年頃にグプタ朝が滅びたあと、小国家の乱立がつづいて不安定な状態でした。地域王国ごとの紛争もあり、支配の及ばないところでは山賊が跋扈していました。ところが、そこにハルシャ・ヴァルダナという大王があらわれ、六〇六年からのおよそ四十年の間、北インドを統一、平和が保たれたのです。玄奘三蔵の旅は、ちょうどこのハルシャ王の治世と重なっていました。

玄奘以前にも唐からインドへ仏典を求める旅を企てた僧侶はいたはずです。しかし、インド国内が乱れている時期なら、山賊などに捕まってボコボコにされていたかもしれません。歴史に名が残らないのも仕方がありません。

インドに到着した玄奘は、ハルシャ王から歓待を受け、王に進講したとも伝えられています。そしてインドのナーランダー大学などで勉強し、たくさんの仏典を持って十六年後の六四五年に唐へ帰っています。そして六四七年、ハルシャ王が死ぬと、古代北インドで最後の統一王朝はたちまち瓦解《がかい》したのです。

ヴェネツィアの商人マルコ・ポーロは、十三世紀後半にアジアを二十四年かけて旅しています。当時のモンゴル帝国はクビライの治世でした。自由に移動できる国をつくったクビライがいなければ、マルコ・ポーロと呼ばれた大旅行者は歴史に名を残さなかったことでしょう。

実は、マルコ・ポーロについては詳しい記録が残っていません。モンゴルに残っている膨大なデータに、その名前が出てこないのです。例えば、彼が中国から乗った船は、大元ウルスの皇女がフレグウルスに嫁《とつ》いだときの船ですが、乗客名簿にマルコ・ポーロという名は見当たりません。しかし『東方見聞録』に出てくるクビライの宮廷についての記述は正確ですから、この本を口述した人物、すなわち「マルコ・ポーロと呼ばれる誰か」が実際に現地を訪れたことは確かなようです。

この少し後には、モロッコ出身のイブン・バットゥータ（一三〇四～一三六八年）が、イスラム諸国からアフリカや中国までを三十年かけて旅し、『三大陸周遊記』と呼ばれる大旅行記（正しくは『諸都市の新奇さと旅の驚異に関する観察者たちへの贈り物』）を書き残しました。これもモンゴル帝国が提供する安全な旅のインフラが、大冒険を可能にしたといえます。

さて、十九世紀の大旅行家に英国女性のイザベラ・バードがいます。彼女は明治時代の日本各地を訪れたほか、李氏朝鮮、清国、ペルシア、チベットなどにも出かけて旅行記を残しました。

日本はともかく、必ずしも治安の保証がない地域もあったはずですが、彼女のバックには大英帝国の威信があったのだと思います。世界一の海軍力と世界一強い通貨であるポンドに裏打ちされた英国の実力は世界に鳴り響いていましたから、バードを迎えた側にも、彼女を傷つけたらあとでえらい目に遭うぞという意識があったのではないでしょうか。

このように大旅行家の活躍には、パクス・モンゴリア（モンゴル帝国による平和）やパクス・ブリタニカといったインフラが大きく寄与していたのです。

移民は優秀で自信がある人々である

旅行者だけではありません、人間の移動は世界史をダイナミックに動かす大きな要因です。なかでも気候変動によって起こる諸部族の大移動は、大帝国をもつぶすほどのインパクトをもたらしました。

たとえば、BC一二〇〇年頃の東地中海では、ヒッタイト帝国や大交易都市ウガリト、新王国時代の古代エジプト、そしてギリシアのミケーネ文明などが突然、相次いで崩壊していきます。その原因は長年の謎とされてきましたが、ヨーロッパ全体が寒冷化し、一気に大規模な人々（海の民）の移動が生じたから、という説が有力になっています。

この古代地中海世界のBC一二〇〇年のカタストロフが人類史的に重要なのは、ヒッタイトの鉄器をつくる技術が世界に広がったからです。それまでヒッタイトはこの技術を門外不出のものとして、職人たちを囲い込んでいました。フランス革命で国王が殺され、宮廷の料理人がフランス中に散ったおかげで、フランス料理が広まったのとよく似ています。大国の滅亡が文化を広めることは、歴史上よく見られます。

同様に、ローマ帝国の西半分の滅亡も、気候変動と密接な関係があります。二世紀半ばから地球の気温が下がって、北に住んでいた人々は寒くてかなわないので南へ移動しはじめました。ユーラシア大陸の北から南へ進むと、天山山脈などの山脈群にぶつかります。羊や馬を連れての移動ですから、山脈の壁が立ちはだかれば、人々は自然と東西に分かれて進むしかない。このとき東へ進んだ人々が四世紀の中国で五胡十六国をつくり、西に進んだ人々は、フン族が典型例ですが、黒海北方から入って、ゲルマニアと呼ばれていた地域に住んでいた人たちを玉突き的に西へ押しやります。この大移動によってローマ帝国の西半分は滅亡への道を歩んだのです。

移民、難民が世界史に大きなインパクトを与えるのは、簡単な話で、彼らが心身ともに健康で優秀な人たちだからです。

人間は本来、自分が生まれた土地から動きたくない動物です。なぜなら、その土地の気候や食べ物に合った身体になっているからです。人間の腸内には約三万種類、千兆もの生物（細菌）がいるそうですが、それは生まれ育った土地の生態系に適応しています。

僕自身の経験でいうと、二十代のときにエジプトを旅したら、現地の人たちが生水を平気でガンガン飲んでいる。「同じ人間や」と思って生水をがぶ飲みしたら、悲惨な目に遭いました。あとでお医者さんから「君はアホやな。エジプト人は生まれてからずっとその水を飲んできているから、腸内の生物が違う。君の腸内に住んでいる生物は、これまで飲んだことがない水だからびっくり仰天したんや」と言われました。

住み慣れた土地を離れることは、飲食物以外にもさまざまなリスクがあります。長時間の移動に耐えるだけでも、肉体が頑強でなければ無理です。言語が違う国へ行くなら現地語を覚えなくてはいけないし、風習や習慣を理解して身につけないといけない。つまり、外国に出ていくには「言葉ぐらい簡単に覚えられるし、どこであろうと自分は優秀だから食べていける」という強いハートも必要なのです。

たとえば、いま「給与がいまの二倍になる面白い仕事があるから、チベットへ行かないか」と誘われたら、日本人の多くは躊躇《ちゅうちょ》するでしょう。故郷を離れて移民になるのは、どの時代でも、自分の能力に自信があり、強い意志を持っている人たちです。もしアメリカに移民がいなければ、現在の繁栄はなかったでしょう。

もちろん大量の移民の流入は摩擦《まさつ》をも生み出します。それを受け入れる強さと寛容さを持った国だけが、さらなる繁栄を手にすることができるのだと思います。

少数派の支配が寛容を生む

人々がお腹いっぱい食べられて、ぐっすり眠れて、上司の悪口が言えるのは、一言でいえば「寛容な社会」ということです。

ペルシア、ローマ、唐、イスラム、モンゴルなど繁栄した大帝国に共通するのは、実はその統治が寛容なものだったということです。なぜそうなるかというと、これも簡単な話で、少数派が政権を握ったからです。高い文明と「貞観《じょうがん》の治」「開元《かいげん》の治」と称される盛世を誇った唐は鮮卑《せんぴ》系拓跋《たくばつ》部の王朝で漢民族ではありませんし、ローマの皇帝も、例えばトラヤヌスやハドリアヌスはスペイン系で純粋なローマ人ではありません。康熙《こうき》帝、雍正《ようせい》帝などの賢帝を輩出した清も満洲族です。

少数派、すなわち異民族による征服といえば、残虐で高圧的なイメージがありますが、実際の歴史をみると、むしろその逆です。たとえば、満洲族のような少数の勢力が高圧的な姿勢に出て、大多数を占める漢民族が一斉に蜂起《ほうき》すれば、とても統治など不可能です。少数者の征服王朝だからこそ、寛容にならざるを得ないのです。

植民地政策が比較的うまくいった大英帝国などもこうした例のひとつです。植民地では、当然ながら現地の住民の方が圧倒的に多い。そのため、インドのトップ層をうまく取り込み、彼らの子弟をオックスフォードやケンブリッジに留学させるなどして、親英的な勢力を作り上げるなど、実に巧妙な統治をおこなったのです。

モンゴル帝国があれだけ広大な地域を短期間に征服できたのは、軍隊が強かったうえに、情報戦が巧みだったからです。彼らは侵攻の際に、ウイグルの商人などに「モンゴルはむちゃくちゃ強いぞ。抵抗したら死体の山が築かれるけれど、降伏したらものすごく寛大に扱ってくれるよ」とあちこちで触れ回らせる。そんな噂を聞いていれば、モンゴル軍が来ただけでみんなはすぐに降伏します。それがあの征服のスピードにつながったのです。

実は軍事力による征服は、攻める側にとってもハイリスクでハイコストです。誰でも殴り合えば、拳が痛い。話し合いや金銭による解決の方がずっと効率がいいに決まっています。むしろ武力は、交易や外交がうまくいかない場合の最後の苦肉の策だといえます。

九世紀から十一世紀にかけてヨーロッパで活躍したヴァイキングは、もともとはスカンディナヴィアやバルト海沿岸の人々が船に魚をいっぱい積んできて、イングランドやフランスで小麦粉と交換したのが始まりでした。ところが、交換レートをごまかすなどのトラブルが起きて、まともな商売ができないときは相手を殴らないと舐《な》められるというので、武装を始めたのです。だから、ヴァイキングはふつうに商売ができるときはただの商人です。これは倭寇《わこう》も同様で、明との交易がうまくいっている時期は海民の共同体だったのですが、明が海禁政策をとり、彼らの商売を禁じたために海賊となった。明はモンゴル系の北方民族に対しても、通商を断ったがために侵攻され、皇帝が捕虜になったりしています。

日本をデザインしたリーダーたち

日本の歴史の中で、天才的な政治家の一人が平清盛でしょう。そもそも鎌倉幕府の原型となる武家政権のアイディアも彼の六波羅政権がもとで、源頼朝はそれをコピーしただけです。日宋貿易で宋とのパイプを開き、宋銭を本格的に輸入して、わが国に貨幣経済をもたらし、個人の裁量で四百年つづいた平安京から福原へ遷都《せんと》するなど、傑出したグランドデザイナーとして、織田信長に匹敵する存在だったと思います。

日本史で興味深い人物は、やはり外の世界と直面した時期に生まれているような気がします。たとえば藤原不比等。中国には唐、朝鮮には新羅という統一国家が生まれ、百済と親交の深かった日本は白村江の戦いで一敗地に塗れます。そこで、必死に鹿鳴館政策を行った。この鹿鳴館政策を主導したのが藤原不比等であり、彼を登用した持統天皇です。胡《こ》服《ふく》を着て格好まで唐風に改め、唐に読ませるために、『日本書』を編纂《へんさん》したのです。私たちは学校で『日本書紀』と習ったんですが、中国の正史は『漢書』が代表例ですが、本紀（皇帝の伝記）、列伝（人物伝）、表（王や功臣などの系図や年表）、志（地理、天文、経済など）に分かれています。つまり『日本書紀』とは『日本書』の本紀なんですね。本当は列伝や志も作ろうとしたのですが、そこまでいかず、紀しか完成しなかった。風土記は志を準備したものでした。このときに天皇という称号も作り、日本という国号も確立させた。その意味では、日本という国を最初にデザインしたのが持統天皇と不比等なのです。天照大神が女性なのも、持統天皇や元明天皇をモデルにしたからですね。

そして、今につながる近代日本をデザインしたのは、幕末の阿部正弘を中心とする幕府の官僚たちだったと思います。黒船来航を受け、彼らが考えたのは「国を開いて、世界と交流するしかない」「産業を盛んにして経済力をつける」「そのお金で、国を守るために軍備を整える」ということでした。つまり開国、富国、強兵の三本柱が江戸幕府の大方針だったのです。それに対して、薩長は尊王攘夷を掲げ、薩英戦争や下関戦争を始めてボコボコにされた。攘夷が無理だということを見抜いた大久保利通は、幕府を倒したあと、上手に攘夷の旗を降ろし、開国、富国、強兵を実行したのです。そこまではよかったのですが、第一次世界大戦が終わって、国際連盟を脱退、ロンドン軍縮条約を破棄して、「開国」を捨ててしまったところから日本はおかしくなります。資源がない日本は、交易の前提となる開国を捨てたら、富国も強兵も実行できない。その結果、第二次世界大戦に敗れ、吉田茂は「強兵」を捨てて、開国と富国という二枚カードで日本を立て直したわけです。

よく「歴史から学ぶ」と言いますが、歴史的な事象そのものは二度と同じものが出てくることはありません。信長がまた生まれてきたり、ローマ帝国が再現されたりすることはない。当たり前ですが。では何を学ぶかというと、人間という動物がつくる社会、仕組みの原理原則は何かということだと思います。栄えた国、長続きした国はどんなシステムを作り上げていたか。それを動かす知恵とは何か。逆にうまくいかなくなった要因は何か。人間の脳はこの一万年ほど進化していませんから、そうした原理原則は現代にも通じるものがあると思うのです。

出口治明（でぐち　はるあき）　１９４８年三重県生まれ。京都大学を卒業後、日本生命保険相互会社に入社。ロンドン現地法人社長、国際業務部長などを歴任。その後、ライフネット生命保険を創業。現在、立命館アジア太平洋大学学長。『全世界史（上下）』、『世界史の10人』など著書多数。

世界史から何を学ぶか

野田宣雄（京都大学名誉教授）

明治維新からおよそ一世紀半が経過した。この間、日本人は、近代的国民国家を構築し、その枠組のもとで生活してきた。それは周知の通りヨーロッパ列強をモデルとしていたが、国民国家を形成する上で、日本はもともと好都合な条件に恵まれていた。幕藩体制のもとで政治の一体性は確保されていたし、四囲を海に囲まれて固有の領土は比較的はっきりしていたし、そこに住む人びとの言語的文化的な統一性も著しく高かったからである。実際、こうした条件のお蔭で、日本は比較的容易に近代的国民国家へ転換を遂げることができた。そして、今日においても、大多数の日本人はこの生活の枠組を少しも疑ってはいない。だが、最近の世界情勢には、そうした近代的国民国家に安住している私たちを不安に陥れる不気味な要素が含まれている。

一方で、中国の存在が大きくなり、その膨脹主義的傾向は、日本にたいする脅威となっている。まるで中華帝国が復活し、日本はアジアの片隅に追いやられかねない有様である。

他方では、今まで縁遠い地域と思われてきた中東からは、日本人がテロの対象になったという報道が届く。そして、カリフ制国家を標榜する集団の粗暴な活動も伝えられる。かと思えば、スコットランドの独立が住民投票にかけられたというニュースに虚を衝かれる。

こうした情報に接すると、私たちは、情報の伝わるスピードに驚嘆しつつも、あたかも中世に引き戻されるような錯覚にとらわれる。中華帝国の復活といい、カリフの支配といい、はたまたスコットランドの独立といい、すべて中世の匂いがする。少なくとも、これらの諸事象は一見相互に無関係に見えて、実は一点で共通している。それは、近代的な国民国家への挑戦という点である。いいかえれば、明治以来、日本人が慣れ親しみ、そこに安住してきた生活の枠組が、今さまざまな方向から挑戦を受けているのである。

国民国家から四帝国時代に

そのことを念頭において最近の世界を見渡せば、帝国として浮上しつつあるのは、なにも中国だけではないことに気づく。帝国を億単位の巨大人口を擁する広域的多民族国家と捉えるなら、アメリカを第一に挙げねばならないし、ロシアもそれに数えられるだろう。さらに欧州連合（EU）も、帝国としての要件を満たしているように思われる。

この最後の点については、少し説明が必要だろう。現在のEUをドイツを核とする帝国と見なすことには、相当の抵抗があるかもしれない。なぜなら、ドイツはEUのルールによってその行動に大きな制約を受けた国家だからである。しかし、見方を変えれば、EUのなかで八千万を超える人口を擁し、経済力において突出しているドイツは、EUのルールを通じて広汎なヨーロッパを支配しているとも見なしうる。少なくとも、EU諸国は、もはや、単なる近代の国民国家ではない。フランク帝国や神聖ローマ帝国の流れに棹さす超国民国家的な組織体なのであり、ドイツを頂点とする広域的多民族国家として、これを帝国と呼ぶことは許されるだろう。

いまや世界政治は、先進的な国民国家によってではなく、米・中・露・EUの四帝国によって動かされる時代となっている。国民国家の基盤はネイションであるが、帝国の基盤は文明である。そのために帝国はなんらかの意味で膨張主義的であり、複数の文明の接触する地域では、帝国どうしの摩擦や衝突が起きやすい。重要なのは、そうした帝国の時代において日本がおかれる微妙な位置である。

アメリカの政治学者ハンティントンによれば、日本は、中国文明ともヨーロッパ文明とも区別される独自の文明をもつ。しかし、その文明圏は、ネイションの枠を超えることがない。それゆえ、みずからが独自の多民族的な帝国を形成することもできないままに、アメリカと中国といった他の文明相互の対立・衝突のなかで右往左往することになりかねない。ハンティントンが描き出す「文明の衝突」のシナリオによれば、やがて起こるであろう米中間の文明戦争において、日本はそうした哀れな存在として戯画的に扱われている。

帝国の時代における日本のおかれた位置の特異性を知るためには、とりわけヨーロッパ諸国との比較が役立つだろう。日本は英・独・仏といったヨーロッパ諸国をモデルとして国民国家を構築してきたが、ここへきて、国家形態に関する彼我の差異は大きいのである。

簡単にいってしまえば、ヨーロッパ諸国は、いまや自前の国家の屋根のほかに、EUという国家を超えた共通の大屋根をもっている。いわば、二重構造の造りになっているのである。それにたいして、日本は、国民国家という一重の屋根しかもたない。これでは、世界政治における日本の発言力がドイツなどにくらべて低下してゆくのは、避けられないだろう。

このような差異が生じた背景には、中世以来の長い歴史のなかで、ヨーロッパが帝国思想のもとに政治的統合への志向を失わなかったという基本的事実がある。この帝国への志向は、時代を降《くだ》ると、オーストリア＝ハンガリー帝国のような、広汎な領土と多民族を擁する組織体を生み出した。この奇妙で複雑な組織体は、二十世紀の第一次世界大戦まで命脈を保ったが、中欧ないし東欧に関するかぎり、EUはこの帝国の継承者であると見なせよう。

他方、日本は東アジアの一角にあって、この種の帝国的秩序とは無縁に生きてきた。なるほど、明治以降の日本は大日本帝国を称し、また、昭和の一時期には「大東亜共栄圏」を叫んだこともあった。しかし、敗戦とその後の経済成長は、植民地をもたない国民国家の有利さを教えたように思われた。それゆえ、日本人の大多数は、国民国家という政治形態に安住しているのである。だが、現実の世界では、国民国家全盛の時代は終わり、国民国家を脅かすような事象が、あちこちで起こっている。さしずめ、スコットランドの独立運動もその一つだろう。

スコットランドの独立運動は、長らく日本が近代化の模範としてきたイギリスという近代国家を解体の危機にさらすものだった。いいかえれば、それは、イギリスが小ネイションの連合体であり、より小さなネイションの単位に分裂する可能性を垣間見させたのであった。この関連では、冷戦終結後になって、ユーゴスラヴィアやチェコスロヴァキアが小ネイションに分解し、また、ベルギーがワロンとフラマンという小ネイションの対立から連邦国家に変身を遂げたことなども、あわせて知っておかねばならない。

ともかく、ヨーロッパでは、欧州統合が進む一方で、近代国民国家よりも下のレベルでも、新しい風が吹いている。それは、小ネイションへの帰属意識の復活という風である。このために無用の摩擦や抗争が惹き起こされていることも否定できないが、そこにはヨーロッパが「多様性をもった統一体」であることが如実にしめされている。日本では、近時、にわかに「地方創生」が叫ばれているが、ヨーロッパとくらべて小ネイションに相当するものをほとんど持たないだけに、このスローガンから具体的成果が上がることはむずかしいだろう。どこまでも日本は国民国家のレベルでの統合性が高いのである。

歴史を貫く文明のパターン

もしも国民国家の全盛期が去り、帝国の時代が到来しているとすれば、世界史の見方も大きく変わらねばならない。歴史の見方には大きく分けて、循環史観と目的史観の二つがある。前者は、歴史は繰り返すと見なし、後者は、歴史はある目的に向かっての進行過程と見なす。

従来、世界史の概説書の類をはじめとして、一般に広く流布してきたのは、後者の目的史観である。それは、世界史全体を一定の理想状態に向かっての発展過程として描き出す。その場合、世界史が目的とする理想状態とは、近現代の欧米諸国の文明である。つまり、これまでの世界史は、欧米中心主義の一元的な文明史観に立ち、世界の各地域における多元的な文明の歴史を軽視してきた。

だが、このような世界史像では、帝国の時代に充分に対応することはむずかしい。なぜなら、現在の世界各地で浮上しつつある帝国は、それぞれ独自の文明を基盤としているからである。欧米の文明を栄光化して世界全体がそれに同一化してゆく過程が世界史だと見なすのでは、世界の現実との乖離は明らかだろう。現実の世界各地域で見られる帝国的な事象を理解するためには、世界史を多元的に捉える多元的文明史観の立場が有効だろう。そして、そのためには、「循環史観」の流れに棹さして、歴史のなかで「繰り返すもの、類型的なもの」を注視しなければならない。なぜなら、その果てに見えてくる様々の分野におけるパターンこそは、そこに他の文明から区別される一個の文明が存在することの証左だからである。

たとえば、ユーラシア大陸の北辺に展開するロシア文明の場合、その政治史から一個の顕著なパターンが浮かび上がってくる。この地域では、歴史上いくつもの多民族国家の興亡が見られたが、その間、衰亡してゆく国家の散逸した領土は、新興の国家の手で回収され、より強力な多民族国家へと再編成された。興味深いのは、このパターンが二十世紀のロシア史においても繰り返されていることである。ロシア革命によってロマノフ帝国の領土は散逸したが、それらはその後ソビエト政権によって回収され、ソ連邦という強力な多民族帝国に再編成された。ついでにいえば、ロマノフ帝国が日露戦争によって失ったサハリン南部は、スターリンによって対日参戦の代償として回収された。

このように「旧帝国の領土の回収」と「多民族帝国の再編成」という政治パターンは、二十世紀のソ連邦によっても忠実に継承されていた。とすれば、同じパターンがソ連邦崩壊後のロシアの現レジームも規定していると見なすのは、それほど突飛な発想ではないだろう。プーチン大統領によるクリミア併合やウクライナ介入も、同じ脈絡のなかで把握すべきものと思われる。

中国大陸に目を転ずれば、この地域の政治史から浮かび上がってくるのは、なんといっても、中華帝国という統治形態である。ここでぜひとも知っておかねばならないことは、中華帝国の支配には「国境」という概念が欠如していることである。「国境」とは、複数の国家の並存状態を前提とするが、中華帝国は自己以外に他の国家の存在を認めない。中華帝国は文字通り「ユニヴァーサル・エンパイア」であり、世界は本来すべて自国の領土と見なされる。もちろん、実際には中華帝国の統治の及ぶ範囲は限られているが、それはやむを得ない仮の状態であり、そこに生じている境界は「国境」ではなくて、「辺疆《へんきょう》」と見なされる。

二十一世紀の今日、中国の指導者がこのような中華思想をそのまま抱き続けているとは、さすがに想像しにくい。だが、現中国は、その国名に「中華」の文字を冠している。そして、その統治の実態は、膨大な官僚群を擁する「人治主義」の伝統的パターンに沿っている。時折表面化する中国政治の腐敗の規模と深刻さは、現レジームの支配が中国史に特有な家産制支配のタイプに属することを物語っている。家産制支配のもとでは、公私の区別は不分明で、情実と派閥の絡む人間関係がものをいう。

このように現共産党レジームが本質的な部分において伝統的な中華帝国の支配システムを継承しているとすれば、このシステムに特有な「国境」感覚も、多少とも現レジームの指導者によって継承されていると見るべきだろう。そう考えることで、東シナ海や南シナ海で見られる中国の積極的で強引な海洋進出の姿勢なども、説明がつくのである。

ここではロシアと中国を例に選び、各帝国の歴史を貫く政治パターンを確認した。そして、各帝国が現レジームのもとでも、程度の差はあれ、同じパターンに制約されていることも推論しておいた。各文明を基盤に複数の帝国が並立する世界の現状を把握するためには、こうした歴史への類型学的なアプローチが有効だと思われる。

日本に残された戦略とは

話は少し飛ぶが、近代のヨーロッパには、五大列強による勢力均衡体制が存在し、おのずからこの地域の国際政治に秩序をあたえていた。この体制は十八世紀にその原型が形成され、十九世紀の多くの時期を通じて、比較的良く機能した。ここでいう五大列強とは、イギリス・フランス・プロイセン（ドイツ）・オーストリア・ロシアを指す。これらの列強のうち、いずれか一国が過度に強大化する兆候が現れると、他の列強は提携してこれを抑止することに努めた。その結果、列強間の力のバランスが保たれ、ひいてはヨーロッパの安定が長期にわたって維持された。

このような事実からは、現在への重要な一つの問いが生まれる。その問いとは、十八・十九世紀のヨーロッパで見られた勢力均衡体制と相似た体制が、現在の四帝国の間で世界的規模で樹立されえないか、というものである。もしもそれが可能なら、帝国相互間の大規模な衝突は回避され、曲がりなりにも世界の安定は確保されるだろう。

しかし、結論からいえば、この問いへの答えは、極度に悲観的なものであるほかはない。第一に、かつてヨーロッパの勢力均衡体制に関与した列強は、ロシアを例外として、いずれもヨーロッパ文明という共通の基盤の上に立っていた。それにたいして、現在の帝国相互の間には、アメリカとEUとの関係を別とすれば、文明の共通性は認められない。この違いは大きく、近代ヨーロッパ型の勢力均衡体制を現代世界に蘇らせることへの大きな妨げになっている。

現代世界における勢力均衡体制の樹立を阻む第二の要因としては、帝国間の人口の極端なインバランスを挙げねばならない。人口の大きさがそのままパワーの尺度になるわけではないが、十三億を超える中国人口の突出ぶりは、それだけで勢力均衡の樹立を不可能にする。その人口規模のゆえに、中国は、世界政治の攪乱要因にはなりえても、持続的な勢力均衡体制の担い手とはなりえない。

だが、近代ヨーロッパ型の勢力均衡体制の復活を妨げている最大の要因は、帝国の性格そのものにあるだろう。一定の理念や価値観を掲げて普遍主義的に支配を拡大してゆくところに、帝国の帝国たるゆえんがある。それはアメリカとEUも例外ではない。アメリカは個々の大統領によって程度の差はあるにせよ、人権・自由・民主化等の理念を掲げて、アメリカ的な生活様式を世界に広めようとする衝動に駆られている。またEUは欧州統合の理念のもとに、実質的にはドイツが主導権を握る形で、ヨーロッパ的規模で主権のプール化を図っている。いずれも近代主権国家の枠内に収まりきらない、それゆえに国家間の勢力均衡といった体制には馴染まない存在である。

以上のように見てくれば、四帝国が突出する現代世界の将来への展望は、はなはだ暗いものにならざるをえない。相互に勢力均衡体制を樹立しえぬままに、帝国の普遍主義的な膨脹欲が衝突を来し、世界の不安定化を招くのか。それとも、辛うじて帝国間に妥協が成立し、世界的規模で新しい勢力圏への分割が進行するのか。いずれの場合にも、帝国の地位に立ちえぬ日本は、世界政治における影響力を減退させてゆくことになろう。

ここであらためて注意しておきたいのは、現在の国際政治では、現代版の新たな階層秩序の形成が急速に進んでいることである。とりわけヨーロッパとアジアでは、ドイツと中国が帝国としての巨姿を浮かび上がらせるのに応じて、周辺諸国の帝国への依存度・従属度も深まりつつある。ギリシアの債務危機は、この国の命運の鍵を握るのがドイツであることを明らかにしたし、東アジアでは台湾や韓国の中国への経済的依存度が深まっていることは否定できない。アジア・アフリカにたいする中国の経済攻勢も活発で、インドネシア辺りではそれを指して「新植民地主義」と批判する声も聞かれる。

帝国秩序が階層秩序と不可分である以上、各帝国がみずからを頂点とする国際的な階層秩序の形成に熱心なのは当然であろう。多くの主権国家が同じ平面上に共存する光景は、帝国の時代には馴染まない。世界政治の趨勢は、主権国家の共存状態から複数の階層秩序の競合状態へと向かいつつあると見るべきだろう。

このような事情のもとで、帝国たりえない日本に残された行動範囲は、著しく限られている。日米同盟によって米国主導の階層秩序に自己を組み入れつつ、東南アジア諸国やインド、さらに中近東諸国とも関係を親密化し、ひたすら中国中心の華夷秩序に編入されることを拒み続ける。日本にとって、こういった選択肢以外に、実行可能な戦略は思いつかないのである。しかも、いかに華夷秩序への編入を拒んでみても、中国の軍事的脅威は現実のものだし、また、中国の巨大市場が発揮する経済的魅力には抗しがたいものがあろう。

ここまで論じてきて、帝国の時代における日本の将来は、いよいよ憂慮すべきものと思わざるをえない。この上は、私の時代観察が悲観主義に過ぎて、十年後あるいは二十年後には、日本にとって意外に明るい展望が開かれていることを願うばかりである。

野田宣雄（のだ　のぶお）１９３３年岡山県生まれ。京都大学大学院博士課程中退。『二十世紀をどう見るか』、『ヒトラーの時代』など著書多数。

本書は季刊『文藝春秋SPECIAL』の「教養で勝つ大世界史講義」（二〇一五年夏号）、「ニュースがわかる！世界三大宗教」（二〇一六年冬号）、「入門　新世界史」（二〇一七年春号）、「世界近現代史入門」（二〇一七年秋号）に掲載された原稿を加筆・修正し、再編集したものです。

文春新書

1208

世界史《せかいし》の新常識《しんじょうしき》

2019年（平成31年）3月20日　第1刷発行

編　　者　　文藝春秋
発行者　　飯窪成幸
発行所　株式会社　文藝春秋

〒102-8008　東京都千代田区紀尾井町3-23
電話（03）3265-1211（代表）

印刷所　　大日本印刷
製本所　　大口製本

定価はカバーに表示してあります。
万一、落丁・乱丁の場合は小社製作部宛お送り下さい。
送料小社負担でお取替え致します。

ISBN978-4-16-661208-6

◆経済と企業

金融工学、こんなに面白い　野口悠紀雄
臆病者のための株入門　橘　玲
臆病者のための億万長者入門　橘　玲
売る力　鈴木敏文
安売り王一代　安田隆夫
熱湯経営　樋口武男
先の先を読め　樋口武男
こんなリーダーになりたい　佐々木常夫
新自由主義の自滅　菊池英博
黒田日銀　最後の賭け　小野展克
石油の「埋蔵量」は誰が決めるのか？　岩瀬　昇
原油暴落の謎を解く　岩瀬　昇
就活って何だ　森　健
新・国富論　浜　矩子
資産フライト　山田　順
円安亡国　山田　順
日本型モノづくりの敗北　湯之上隆
松下幸之助の憂鬱　立石泰則
さよなら！　僕らのソニー　立石泰則
君がいる場所、そこがソニーだ　立石泰則
日本人はなぜ株で損するのか？　藤原敬之
ビジネスパーソンのための契約の教科書　福井健策
ビジネスパーソンのための企業法務の教科書　西村あさひ法律事務所編
サイバー・テロ　日米vs.中国　土屋大洋
ブラック企業　今野晴貴
ブラック企業2　今野晴貴
細野真宏の世界一わかりやすい投資講座『ONE PIECE』と『相棒』でわかる！　細野真宏
日本の会社40の弱点　小平達也
税金　常識のウソ　神野直彦
アメリカは日本の消費税を許さない　岩本沙弓
税金を払わない巨大企業　富岡幸雄
トヨタ生産方式の逆襲　鈴村尚久
VWの失敗とエコカー戦争　香住　駿
朝日新聞　朝日新聞記者有志
働く女子の運命　濱口桂一郎
無敵の仕事術　加藤　崇
「公益」資本主義　原　丈人
人工知能と経済の未来　井上智洋
お祈りメール来た、日本死ね　海老原嗣生
2040年全ビジネスモデル消滅　牧野知弘
自動車会社が消える日　井上久男
新貿易立国論　大泉啓一郎
日銀バブルが日本を蝕む　藤田知也
AIが変えるお金の未来　坂井隆之・宮川裕章＋毎日新聞フィンテック取材班
なぜ日本の会社は生産性が低いのか？　熊野英生

◆世界の国と歴史

文春新書のロングセラー

中野信子
サイコパス
クールに犯罪を遂行し、しかも罪悪感はゼロ。そんな「あの人」の脳には隠された秘密があった。最新の脳科学が解き明かす禁断の事実
1094

岩波　明
発達障害
『逃げ恥』の津崎、『風立ちぬ』の堀越、そしてあの人はなぜ「他人の気持ちがわからない」のか？　第一人者が症例と対策を講義する
1123

エドワード・ルトワック　奥山真司訳
戦争にチャンスを与えよ
「戦争は平和をもたらすためにある」「国連介入が戦争を長引かせる」といったリアルな戦略論で「トランプ」以後を読み解く
1120

近藤　誠
健康診断は受けてはいけない
職場で強制される健診。だが統計的に効果はなく、欧米には存在しない。むしろ過剰な医療介入を生み、寿命を縮めることを明かす
1117

佐藤愛子
それでもこの世は悪くなかった
ロクでもない人生でも、私は幸福だった。「自分でもワケのわからない」佐藤愛子ができ、幸福とは何かを悟るまで。初の語りおろし
1116